우리 아이도
영재로
키울 수 있다

서울대학교 이선영 교수의
영재성 계발과 교육 **이야기**

이선영 지음

박영
story

감사의 글

참 오랜 시간이 걸린 것 같다. 처음으로 단행본을 출간하게 되었는데 예전부터 생각해왔던 것을 내가 원하던 시기에 쓰고 싶었던 마음이 컸다. 2009년 9월, 가을학기에 연세대학교 교육학과 교수로 부임하면서 우리나라로 돌아온 후부터 영재교육과 관련된 단행본을 출간해야 하지 않느냐는 말을 주위 분들로부터 정말로 많이 들었다. 솔직히 고백하건대, 12년 가까운 미국 생활을 마치고 한국으로 돌아와서는 급속도로 변해버린 서울 생활에 다시 적응해야 했고 무엇보다도 연구자로 그리고 교수로 여러 가지 해야 하는 일들 때문에 단행본 작업에 대한 동기가 크지 않았다. 그러면서 스스로에게 주문처럼 한 약속이 있었다. "안식년 때 단행본을 내자" 그리고 마침내 그 약속을 지키게 되었다.

2019년 가을, 대학에서 처음으로 안식년을 갖게 되었다. 꼬박 10년 만에 안식년을 갖게 된 데에는 몇 가지 이유가 있었는데 첫 번째는 연세대학교에서 서울대학교로 학교를 옮기면서 안식년이 늦어졌고, 두 번째는 2019년 봄학기부터 가능했던 안식년을 가을 학기로 맞추면서 그동안 진행했던 여러 크고 작은 일들을 여름까지 거의 모두 마무리한 후 한국으로 다시 돌아온 가을학기에 맞춰 정확히 10년 만에 안식년을 갖고 싶었던 마음이 컸다. 다행히 스스로에게 한 약속처럼 2019년 가을학기부터 정말 홀가분한 마음으로 안식년을 시작하였고 그때 바로 진행한 것이 이 책 작업이다.

2019년 9월 중순, 안식년 시작과 동시에 부모님과 함께 떠난 동유럽으로의 여행을 마치고 서울로 돌아오자마자 이 책을 쓰기 시작하였다. 내 방 창 너머로 보이는 초록빛의 나뭇잎들이 하나씩 노랗게 변하고 붉어지는 것을 눈에 담으면서, 이내 모든 잎이 떨어져 앙상한 자태를 드러내는 것을 아쉬워하면서, 그리고 내 계획보다 일찍 끝나게 된 안식년 기간(1년이 1학기로 마무리되었다) 내내 천천히 계속 자판을 두드렸다. 작년 2020년 봄학기에 학교로 복직한 후 학교 연구실 밖 창가로 보이는 다시 푸르러진 나뭇잎들을 보면서 책 작업은 계속되었고 2020년 초여름에 드디어 출판사에 초고를 넘겼다.

책을 쓰는 과정 자체가 내게는 사실 안식년이었다. 1998년 가을학기부터 미국에서 시작한 박사과정의 시간들이 어느덧 20년이 훌쩍 넘어버린 옛날이 되어버렸지만 책을 쓰면서 나는 1998년 가을의 선영이로 돌아가 있었다. 왜냐하면 이 책은 내가 미국에 가서 처음으로 배운 영재와 영재성, 그리고 영재교육에 관한 책이기 때문이다. 책을 쓰는 동안 1998년 8월 15일, 광복절 날 미국 애틀랜타로 향하는 비행기 안에서 눈물과 콧물을 닦으며 서울의 가족들을 생각했던 때부터 4년 동안 내게 치열한 배움의 시간을 주었던 조지아주의 에덴스에 있었던 학교 내 강의실과 연구실, 수없이 걷고 달렸던 거리와 도로, 그리고 나와 내 주변을 따스하게 때로는 따갑게 감싸주었던 초록빛의 조지아주의 나무들이 너무나 신기하게도 생생하고 또렷하게 생각이 났다. 이어 그 후 꼬박 7년을 보냈던 일리노이주의 시카고(정확히는 에반스톤)에서의 시간들이 이 책을 쓰면서 영화의 필름처럼 뇌리 속에 하나씩 스쳐 지나갔다. 마치 시네마 천국의 마지막 명장면에서 어른이 된 살바토레처럼 상당 기간 잊었다고 생각했던 영재교육공부를 처음 시작했을 때의 호기심과 설렘이 소중한 과거의 기억으로 내게 다시 찾아와주었다. 그리고 여전히 진행형인 나의 재능 계발에 많은 영감과 도움을 주었던 감사한 분들이 내 의식 속으로 다시 들어와 과거의 나와 현재의 나를 이어주고 있었다. 이 책 작업은 이처럼 과거와 현재의 나를 만나게 해준 고마운 시간이자 안식년 자체였다.

이 책의 초고는 2020년 코로나-19가 기세를 부렸던 봄을 지나 여름에 출판사로 넘겨졌고 이후 많은 분들의 열정과 노력의 결과로 2021년 새해를 맞이하면서 드디어 완성본으로 모습을 드러내게 되었다. 이 책은 여러분들이 정성스럽게 만든 책이다. 지난 여름 초고를 넘긴 뒤 6개월 가량 어떻게 하면 이 책의 내용을 재미있고 쉽게 그리고 부담스럽지 않게 독자들에게 전달할 수 있을지 많은 고민과 여러 차례의 논의를 거쳐 지금의 모습을 갖추게 되었다. 이렇게 만들어진 책이 나오기까지 도움을 주신 고마운 분들을 일일이 찾아 뵙고 인사드리면서 사랑과 감사의 마음을 전하는 것이 마땅하지만 지면을 빌려 그 마음을 대신하고자 한다. 지면의 한계상 모든 분들을 언급할 수 없음에 대해서도 미리 양해의 말씀을 드리고 싶다.

먼저 3년 전 창의성교육 특강을 듣고 연락을 주신 것을 계기로 뵙게 된 박영스토리의 노현 대표님과 책을 기획해주신 이영조 차장님께 깊은 감사의 마음을 전한다. 첫 만남에서 "잘 팔리는 책보다 좋은 책을 만들자"라고 의기투합했던 기억이 아직도 생생하다. 안식년에 들어가면 책을 쓰겠다는 말을 믿고 기다려주신 노 대표님과 이 차장님이 안 계셨다면 이 책은 지금, 현재의 모습으로 나오지 않았을 것이다. 두 분은 내가 책을 계획하고 진행하는 데 최상의 조건과 믿음을 주셨고 그러하였기에 책 작업을 하는 내내 정말 편안하게 내가 구상하고 계획했던 방향과 색깔로 진행할 수 있었다. 우리나라 부모들을 주 대상으로 한 책이었기에 국내외 학술지나 책에 실린 글들과는 달라야 한다는 생각을 많이 했다. 내용적으로 알차면서도 가능한 재미있고 예쁘게 책이 나왔으면 하는 개인적인 바람으로 내용을 축약적으로 보여주는 그림, 특히 삽화를 포함했으면 하는 마음이 컸다. 책 내용에 대한 꼼꼼한 편집과 함께 나의 이런저런 크고 작은 요구와 바람을 하나씩 들어주시면서 이렇게 예쁜 책을 만들어주신 배근하 과장님과 박현정 디자이너님께도 감사의 마음을 전한다. 이 분들을 보면서 새삼 책 작업이 "나하나가 아닌 여러 분들의 고민과 노력의 결과로 나올 수 있는 거구나" 다시금 깨달았다.

나의 영원한 멘토 Paula Olszewski-Kubilius 교수님(미국식으로 나는 폴라라고 부른다)께 언제나처럼 사랑과 감사의 마음을 전한다. "폴라를 만나지 못했다면 내가 영재교육 전문가로 성장할 수 있었을까?"라는 물음에 대한 나의 답변은 항상 "아니오"이다. 폴라를 만나고 함께 일할 수 있었던 것은 나의 커리어 발달 과정에서 가장 중요하고 감사한 일임에 틀림없다. 함께 공유했던 7년간의 소중한 시간은 물론이요, 지금까지도 나를 지켜봐주고 자극해주는 멘토 폴라가 있다는 사실만으로도 나는 정말 운이 좋고 행복한 사람이다.

마지막으로 누구보다도 딸래미의 재능 계발에 무한한 지지와 지원을 해주신 사랑하는 부모님께 말로 표현할 수 없는 사랑과 감사, 존경의 마음으로 이 책을 드리고 싶다. 대학교 2학년 때 내가 처음 미국으로 어학연수를 갈 수 있도록 사업차 출장 중에 딸래미와 LA로 동행해주신 아버지, 그리고 6년이 지나 박사과정 공부를 한다고 다시 미국으로 간다고 했을 때 부모님은 아무 말씀없이 믿음과 사랑으로 기꺼이 내가 유학길에 오를 수 있도록 지지해주셨다. 그 후 미국에 있었던 11년 동안 내가 하고 싶어 했던 일들을 정말로 거의 모두 할 수 있도록 나를 지켜봐 주신 분도 우리 부모님이다. 내가 유학 갔던 첫 해, 부모님은 딸래미가 기숙사에서 어떻게 생활하느지 살펴보시려고 11월 추수감사절 기간 중에 미국에 오셨다. 추수감사절 휴일 동안 기숙사를 비워야 했기 때문에 부모님과 함께 학교 근처 호텔(정확히는 모텔이었던 것 같다)에서 묵게 되었는데 지금까지도 잊지 못할 에피소드가 있다. 추수감사절 당일 음식을 먹을 곳이 없어서 인근 중국집으로 전화해서 주문을 하게 되었는데 수화기 넘어 들려오는 "What? What?" 하는 소리 때문에 무척이나 당황했던 기억이 있다. 전화로 중국음식을 처음 주문하는 나와 그 주문을 받았던 중국인 종업원(아마도 사장은 아니었던 것 같다)이 서로가 하는 영어를 알아듣지 못해서 생겼던 당황스러움의 순간을 옆에서 그대로 들으신 부모님은 당시 아무런 말씀을 하지 않으셨다. 다음 날 아침, 아버지는 TV를 켜서 ABC로 채널을 돌리셨는데 마침 아침 뉴스가 방영되고 있었다. "뉴스를 많이 보면 영어를 가장 정확하고 표준어로 배울 수 있어." 이렇게 내게 말씀하시며 아버지는 계속 뉴스를 시청하셨다. '아, 어제 저녁 전화 주문하는 딸래미를 보시면서 걱정이 많이 되셨나 보다'라는 생각에 부끄러웠지만 나는 그 후로 미국에 있었던 11년 동안 내내 그리고 지금 현재 여기 서울에서도 CNN뉴스(미국에서는 ABC, NBC, CBS, FOX뉴스를 모두 시청했다)와 함께 매일을 살고 있다. 그리고 아버지 말씀처럼 영어 뉴스를 통해서 영어를 누구보다도 편안하게 대할 수 있게 되었고 영어 뉴스를 매일 보는 습관이 현재까지 내가 공부하고 연구하고 글을 쓰는 데 정말로 많은 도움을 주었다고 생각한다. 우리 부모님의 재능계발교육방식은 이랬다. 딸래미의 재능 계발에 누구보다도 지대한 공헌을 해주신 부모님께 이 책을 드린다.

2021년 2월
이 선 영

차 례

I. 영재와 영재성 바로 알기

II. 영재성 계발 바로 알기

III. 영재교육 바로 알기

IV. Q&A: 이선영 교수가 답하다

I

영재와 영재성 바로 알기

우리 아이도 영재로 키울 수 있다

"우리 아이는 영재인가요?", "아이가 영재인 것을 어떻게 알 수 있을까요?", "영재는 타고난 것이겠지요?", "어릴 때부터 남달라야만 영재인 거죠?", "우리 아이는 영재는 아닌 것 같은데, 영재가 되려면 어떻게 해야 하나요?", "영재는 길러질 수도 있는 건가요?", "공부를 잘해야 영재 아닌가요?" 필자는 영재교육전문가라는 이유로 영재와 영재성에 대해서 무수히 많은 질문들을 받아왔다. 널리 알려진 대로 우리나라 부모들의 자녀교육에 대한 관심과 열정은 대단한 수준을 넘어 매우 극진하고 자기 희생적이기까지 하다. 이런 중에 2000년대 초반부터 국가의 지원을 받아 영재를 선발하고 영재를 위한 특별한 교육을 시작하게 되었으니, "우리 아이 영재 만들기" 프로젝트가 자녀를 위해서 반드시 해야만 하는 부모의 주요 과제 중 하나가 된 것은 그리 놀라운 일이 아니다.

1998년 뜨거운 여름, 필자는 영재교육과 창의성교육을 공부하러 미국 유학을 떠났다. 그 당시에는 영재교육과 창의성교육이 전 국민적인 관심을 받는 상황이 아니었는데 예비 교육심리학자로 개인의 영재성과 창의성, 그리고 재능 계발을 공부하고 싶어서 미국 조지아 주에 있는 대학의 박사과정에 진학하게 되었다. 이를 시작으로 20년이 훌쩍 넘은 지금까지도 학자, 연구자, 그리고 대학의 교수로 영재와 영재성에 대한 다양한 이야기들을 하고 있다. 본 장에서는 필자가 그동안 연구하고 가르치며 강의했던 영재와 영재성에 대한 수많은 이야기들 중 부모들이 많이 궁금해 하는 두 가지 질문인 "영재란 누구이며 어떠한 특징들을 가지고 있는가?"와 "영재성은 무엇이며 어떠한 특성으로 판별되고 계발될 수 있는가?"에 대해서 하나씩 천천히 알아가 보고자 한다.

1. 영재란 누구인가?

영재란 누구인가? 대다수의 부모들은 이에 대해 간단명료한 응답을 기대할 것이다. "영재"라고 하면 생각나는 이미지가 있다.

가령, 태어날 때부터 뛰어난 재능이나 능력을 가지고 있는 신동, 학교에서 친구들이 넘볼 수 없을 정도로 공부를 잘하는 일명 "수재"로 불리는 학생, 탁월한 업적이나 성과를 보이는 사람 등, 우리가 마음 속으로 그려보는 영재의 모습은 있는 듯하다. 이처럼 우리가 생각하는 영재의 이미지 속에 공통적으로 포함되는 단어가 있다. "타고남", "뛰어남", "재능", "능력", "공부", "탁월함", "업적", 성과" 등이 그것으로 영재가 누구인지 설명하라고 하면 어렵지만 우리가 생각하는 영재의 모습은 대략 비슷하다. 그러나 "영재란 누구인가?"를 이론에 근거하여 정의하고 특성을 진단하라고 하면 왜 이렇게 어렵고 복잡하게 느껴지는 것일까? 영재교육에서 학자와 연구자들이 정의하고 있는 영재에 대한 이야기부터 시작해보자.

1.1 영재에 대한 정의

20세기 이후 영재에 대한 정의가 범국가적으로 이루어진 계기는 1972년 미국 국무부(당시 공식 명칭은 "The Office of Education", 현재는 "The Department of Education") 차관보인 말란드(S. P., Jr. Marland)가 작성한 국회 보고서에 포함된 영재에 대한 정의에서 비롯되었다. 보고서는 영재(아동)를 "일반인지능력, 특수학업적성능력, 창의적 및 비판적 사고능력, 리더십, 시각 및 행위예술능력, 운동감각능력의 여섯 가지 능력이나 능력이 드러나는 영역 중 한 가지 이상의 능력이나 영역에서 전문가 집단에 의해서 탁월한 능력이나 높은 수행 능력을 보이는 것으로 판단되는 아동이다. 영재는 학교 밖에서 특별한 교육을 필요로 하며 교육은 영재의 자아실현과 사회공헌을 목적으로 한다"고 정의하였다. 일명 "말란드 보고서"의 내용에 포함된 영재에 대한 공문화된 정의는 얼핏보기에 그간 우리가 생각했던 정의와는 비슷하지만 동시에 거리감이 느껴진다. 왜냐하면 많은 부모들이 생각하는 것처럼 지능지수로 대표되는 일반 인지능력이 극도로 높아야 한다는 내용이 포함되지 않았고, 학업적성뿐만 아니라 창의적 비판적 사고력, 리더십, 시각·행위예술 및 운동감각능력처럼 학업성취와 직접적으로 관련되어 있지 않은 다양한 범주의 능력이 영재성을 이루고 있는 것처럼 들리기 때문이다. 뿐만 아니라 영재라는 정의에 영재성 판별을 누가 하는지, 영재교육이란 무엇인지, 그것의 목적이 무엇인지 등까지 모두 포함되어 있으니 영재에 대한 보편적 정의 이상의 것이 기술되어 있다. 소위 말하는 너무 많은 정보(too much information: TMI)로 인하여 영재가 누구인지 정의하기가 오히려 불분명하고 어려워졌다는 생각이 든다.

그럼에도 불구하고 말란드 보고서의 영재에 대한 정의는 다음과 같은 점에서 중요한 의미를 갖는다. 첫째, 영재라고 하면 지능지수(IQ)가 매우 높아야 한다는 생각으로부터 벗어났다. 영재는 일반적으로 머리가 좋아야 한다고들 믿는다. 지능지수라는 개념이 1900년대 초반에 처음으로 도입된 이래 여러 문제점들이 제기되어 왔음에도 불구하고 개인의 인지능력을 가장 잘 반영해주는 수치는 아이큐(IQ)였다. 영재는 일반인들에 비해서 지능지수가 높아야 한다는 생각이 여전히 지배적인 것이 사실임을 고려했을 때, 영재에 대한 최초의 공문화된 정의에서 일반 인지능력이 영재성과 관련된 다수의 능력 중의 한 가지로만 포함된 것은 획기적인 일이었다.

둘째, 다양한 유형의 영재성이 제시된 점도 특이 사항이다. 지능뿐만 아니라 학교 공부와 많은 연관성이 있다고 여겨지는 특정 교과목(예: 과학, 수학, 언어)과 관련된 특수학업적성능력 외에도 창의성(창의적 및 비판적 사고능력), 리더십, 시각 및 행위예술능력(예: 미술, 무용), 운동감각능력 등에서의 탁월한 능력이나 높은 수행 수준이 개인의 영재성을 판별하는 기준으로 제시된 것은 영재성의 판별(판단) 기준을 광범위하고 포괄적으로 이해했음을 보여주고 있다. 특히 창의성과 리더십이 포함된 사실은 50여 년 전 1970년대를 기준으로 봤을 때 흔치 않은 일이었다.

셋째, 영재란 누구인가에 대한 정의에서 영재성 판별을 누가 하는지, 영재교육이란 무엇인지, 그리고 그것의 목표가 무엇인지 명시되어 있는 점도 눈여겨볼 만하다. 앞서 말한 대로 영재에 대한 보편적인 정의 이상의 것이 포함된 정의였다.

20세기 중반에 미국 국무부(현 교육부)에서 제시한 영재에 대한 정의는 우리나라에서 영재를 정의하고 선발하는데 중요한 영향을 미쳤다. 2000년에 제정된 영재교육진흥법 제2조에 의하면, 영재란 "재능이 뛰어난 사람으로서 타고난 잠재력을 계발하기 위하여 특별한 교육이 필요한 사람"이다. 같은 법 제5조에는 영재에 대한 정의와는 별개로 영재교육대상자에 대한 선정 기준을 제시하고 있다. 영재교육을 받을 수 있는 영재교육대상자는 일반 지능, 특수학문 적성, 창의적 사고능력, 예술적 재능, 신체적 재능, 그 밖의 특별한 재능의 여섯 가지 범주들(제5조에서는 "사항"으로 지칭) 중 어느 한 가지에서 뛰어나거나 잠재력이 우수하여 영재교육기관의 교육 영역과 목적에 부합하다고 인정받는 사람으로 명시되어 있다.

우리나라의 경우, 영재와 영재교육대상자를 따로 구분한 점이 눈에 띄는 사항이다. 영재와 영재교육대상자에 대한 내용을 살펴보면 1970년대 초반 미국 교육부의 영재에 대한 정의 내용이 상당 부분 포함되어 있음을 알 수 있다. 특히 영재교육대상자에는 영재에 대한 정의에서 명시된 영재성 관련 내용이 대부분 포함되어 있다. 일반 지능, 특수학문적성, 창의적 사고능력, 예술적 재능, 신체적 재능 모두 미국에서 제안한 영재에 대한 정의에 포함된 것들이다. 차이점이라면 우리나라 영재교육진흥법에는 리더십이 명시되어 있지 않았다는 것과 예술에서 음악, 시각예술 등의 관련 하위 영역이 구체적으로 제시되어 있지 않다는 점이다. 그러나 "그 밖의 특별한 재능"이라는 항목을 통해서 구체적으로 명시되어 있지 않은 영재성이 다수 포함될 수 있는 여지를 남기고 있다. 이는 리더십과 예술의 하위 영역뿐만 아니라 국가 및 사회적으로 중요하고 가치롭게 여겨지는 새로운 개인적 특성과 영역, 그리고 여기에서 탁월성을 보이는 학생들이 향후 영재교육대상자로 선발될 수 있는 가능성이 있다는 것이다.

영재에 대한 정의가
특별법으로 명시가 되어
있음에도 불구하고 부모
들에게 영재가 누구인지
그리고 자녀가 영재인지
를 물어보면 어떤 대답

이 돌아올까? 필자는 조심스럽게 다음과 같은 응답들을 예측해본
다. "타고나기를 뛰어난 능력을 가져야 하는 것 아닌가요?", "학
교에서 엄청나게 공부를 잘해야죠", "탁월한 업적과 성과를 보여
주는 위인과 같은 사람 아닌가요?", 나아가 다수의 부모들은 "우
리 아이는 영재까지는 아닌 것 같아요." 제 아무리 영재에 대한
정의가 이렇다저렇다 해도 부모들이 가지고 있는 영재에 대한 생
각과 믿음은 쉽게 변하지 않을 것 같다. 그렇다면 영재는 어떠한
특성들을 가지고 있는 것일까? 영재에 대한 정의가 피부에 와닿지
않고 살갑게 느껴지지도 않으며 어렵기만한 부모들을 위해서 영재
의 특성들을 조금 더 구체적이고 세분화시켜 살펴보기로 하자.

1.2 영재의 특징

법률적으로 규정된 영재에 대한 정의보다 영재들이 가지고 있
거나 보이는 특징들을 제대로 알 때 영재를 보다 더 잘 이해할

수 있다. 실제로 필자는 강연을 통해서 많은 부모들을 만나면서 영재에 대한 정의와 특징들에 대한 이야기를 해왔다. 영재에 대한 정의가 어렵고 다소 딱딱하며 실제와 거리가 있는 학자와 연구자, 그리고 행정가들의 목소리라고 하면, 영재의 특징은 과연 자녀가 영재인지 비교해보고 판단해볼 수 있는 절대적인 기준이 될 수 있기에 부모에게는 영재에 대한 정의보다는 특징이 더 궁금하고 피부에 와닿을 것이다. 먼저 영재라고 지칭되는 사람들의 인지 및 학문적 특징으로 많이 언급되고 있는 것으로 어린 나이임에도 불구하고 드러나는 "뛰어난 언어능력"을 들 수 있다. 영재는 또래 친구들에 비해서 어휘력과 독해력이 뛰어나다. 사물과 대상을 세심하게 관찰하기를 좋아하고 기억력이 좋으며 논리적이면서 분석적이다. 이외에도 추상적으로 사고하고 집중력이 뛰어나며 지식과 상식이 풍부한 것도 많이 보여지는 특징이다.

영재의 인지 및 학문적 특징들과 구별되는 심리적, 사회적 특징들은 다음과 같이 정리할 수 있다. 영재는 무엇인가 이루려는 의지와 동기 수준이 높고 끈기가 있으며 자신이 좋아하는 일을 끝까지 추구하려는 경향이 있다. 자아의식이 강하고 자신감과 자아 존중감이 높은 것도 종종 보고되는 특징이다. 뿐만 아니라 도덕적, 윤리적인 문제에 민감하고 사회 문제에 관심을 보이는 경우가 많아 어린 나이임에도 불구하고 사회적 불평등과 차별, 빈

곤과 부패 등의 문제에 대해서 예민하게 반응하기도 한다. 이외에도 독립적이고 완벽주의적인 성향을 가지고 있고 실수나 실패를 경험한 후에도 이를 극복하는 회복탄력성을 보이는 점도 영재에게서 많이 나타나는 특징이다.

1.3 부모가 잘 알지 못하는 영재의 특징

앞서 간략하게 기술한 영재의 특징들은 일반적으로 널리 알려진 것으로 대부분의 부모가 고개를 끄떡이며 수긍할 수 있는 것들이다. 아마도 부모가 바라는 자녀의 모습이 아닐까 싶다. 자녀가 반듯하고 의욕적이며 긍정적인 자아상을 가지고 있고 독립적이고 완벽을 추구하며 또래 친구들에 비해 언어적으로 조숙하고 뛰어난 학습 능력과 사고력을 가지고 있다고 하면 부모 입장에서는 그저 기특하고 안심이 될 것이다. 그렇다면 영재가 되기 위해서는 이와 같은 특징들을 모두 가지고 있어야 하는가? 이 질문은 부모에게 매우 중요하다. 왜냐하면 부모는 자녀가 영재이기를 바라는 마음과 자녀를 영재로 키우고 싶은 바람을 모두 가지고 있어 영재의 특징에 관심을 가질 수밖에 없기 때문이다. 궁금한 것은 '영재는 결점과 빈틈이 없는 인지적, 학문적, 심리적, 사회적으로 모두 완벽한 사람인가?' 하는 것이다. 성급하게 결론부터 내리자면 그렇지 않다. 그렇다면 우리에게 잘 알려지지 않은, 그래서 부모가 오인하기 쉬운 영재들의 모습은 어떠한 것들이 있을까?

(1) 영재의 자아개념과 자존감

공부를 잘하는 학생은 일반적으로 긍정적인 자아상을 가지고 있고 자신감이 넘치며 자존감이 높을 것으로 생각된다. 특히 공부를 잘해야 한다는 생각을 극도로 많이 하고 있는 우리나라 학생들 사이에서 영재는 일반 또래 친구들에 비해 스스로 긍정적으로 바라보고 자신의 능력에 대한 강한 신념과 믿음을 가지고 있을 것으로 믿어진다. 그러나 영재가 자신을 긍정적으로 인식하고 자존감이 높을 것으로 과신하는 것은 자아개념을 지나치게 단순화하여 이해하는 데에서 비롯된 결과라 할 수 있다. 자아개념은 그렇게 단순하지 않기 때문이다.

자아개념은 개인이 자신의 특성, 능력, 태도, 가치에 대해서 가지고 있는 전반적인 믿음과 신념으로 여러 하위 자아개념들을 포함하고 있다. 학문적 자아개념, 사회적 자아개념, 또래 친구 자아개념, 외모 자아개념, 운동 자아개념들이 그것의 예로 이전 연구들이 하나의 총체적인 자아로 개인의 자아개념을 논한 데 반해, 오늘날은 다양한 영역(예: 학문, 사회, 외모, 운동)과 관점(예: 대인관계, 친구관계)에서 개인이 자신과 자신의 능력을 어떻게 인식하고 있는지 진단하고 있다. 자아개념과 유사한 개념으로 자아존중감을 들 수 있는데, 이는 자신의 가치에 대한 판단과 그와 관련된 감정으로 정의된다(신종호 외, 2017 참조).

의심의 여지없이 영재는 또래 친구들에 비해서 학문적 자아개념이 높다. 그러나 타인과의 관계 형성 및 지속과 관련된 사회적 자아개념, 자신의 비밀까지 공유할 수 있는 매우 친밀한 또래친구와의 관계 형성과 관련된 또래 친구 자아개념, 자신의 외모에 대한 생각과 믿음인 외모 자아개념, 운동 능력에 관한 운동 자아개념 등은 일반 또래 친구들에 비해서 낮은 것으로 나타났다. 영재가 학교 공부 및 학업 성취와 관련된 학문적 자아개념이 높다고 해서 학습능력 이외에도 언제나 긍정적이고 자신감이 충만하며 강한 신념과 믿음을 가질 것으로 단정짓는 것은 영재를 지극히 단순하게 생각한 나머지 이들의 예민하고도 복잡한 마음을 제대로 헤아리지 못하는 데에서 비롯된 것이 아닌가 싶다.

　영재가 또래 친구들에 비해서 학문적, 학업적 자아개념은 높지만 그 외의 공부와 관련이 없는 사회성, 외모, 운동 능력 등에 대해서 반드시 긍정적인 자아개념을 가지고 있지 않다는 연구들이 많이 있어 왔다. 필자가 수행한 연구들 중에도 유사한 결과들이 나왔는데 진희의 사례를 통해서 조금 더 구체적으로 이야기해보자.

　진희는 학교에서 공부를 잘하고 수학을 유난히 좋아하는 중학교 2학년 학생이다. 시간이 날 때면 수학의 원리와 수학자들의 일생에 대한 책을 읽고 친구들이 풀지 못하는 수학 문제를 풀면서 시험과 학교 생활에서의 스트레스를 "수학"으로 해소하는 학생이다. 중학교 졸업 이후에 수학에 대한 흥미와 관심이 더욱 높아졌고 수학자로 성장할 수 있는 학교로의 진학을 꿈꾸고 있다. 그리고 학교에서 친구들과 만나면 전날 밤에

풀었던 수학 문제와 숫자 놀이, 그리고 수학자들에 대한 이야기를 하고
싶어한다. 진희는 수학에 관한 한 누구보다도 그리고 무엇보다도 자신이
있다. 친구들도 어려운 수학문제를 풀 때면 으레 진희를 먼저 찾으면서
도움을 구한다.

　그런데 대개 학교에서 만나는 친구들은 진희만큼 수학에 대한 관심이
없다. 친구들과 수학에 관한 이야기를 하고 싶은데 친구들은 어제 TV에
서 보았던 아이돌 가수와 드라마, 게임, 그리고 인싸(인사이더, insider,
속칭 무리에 잘 섞여서 지내는 사람을 지칭)와 핵인싸(핵심 인싸, 속칭
인싸의 핵심 인물로 재미있고 인기있는 사람을 일반적으로 지칭) 같은
이야기를 하고 있어 도무지 무슨 이야기를 하고 있는지 진희는 낯설기만
하다. 수학이 아닌 다른 분야나 활동에는 별다른 흥미가 없고 관심을 두
고 있지 않은 터라 진희는 자신이 수학 공부 외에는 너무 아는 것이 없

고 할 수 있는 것도 없는 무능한 외톨이라는 생각을 종종 한다. 이렇게 대화가 잘 통하지 않으니 친구들과 어울리는 것도 어렵게만 느껴진다. 수학책을 읽고 문제를 풀기보다 친구들과 공감하고 소통할 수 있는 주제를 찾아서 공부를 해야 하는 것이 아닌지 끊임없이 생각해본다. 이것만이 아니다. 주위 친구들을 볼 때면 '내가 너무 못 생겼구나' 하는 생각이든다. 옆에 있는 영란이는 벌써부터 화장을 하는 것 같은데 어제 새로 샀다면서 바른 립밤(lipbamb)을 자랑한다. 주위에 친구들이 구름떼 같이 모여서 영란이의 립밤을 서로 발라본다고 난리다. 영란이는 역시 인기가 많다. 수희는 앞머리가 주저 않는다며 매일 아침 수업 시간 직전까지도 헤어롤(일명 찍찍이 구루프)로 머리를 말고 있다. 피부에 뾰루지가 난다고 속상해하는 수정이는 피부과에 가야 한다고 난리고, 살이 너무 쪄서 고민하는 희재는 다이어트를 해야 한다며 불평하는데 진희는 립밤, 앞머리, 피부, 몸무게에 대해서 특별히 걱정을 해보지 않았다. 아니, 정직하게 말해서 관심을 두지 않았다. 그런데 분명한 건 친구들과 비교했을 때 자신의 외모가 떨어진다는 생각이 들고 외모에는 영 자신이 없다는 것이다. 요즘 부쩍 늘어난 진희의 고민은 수학이나 공부 외에는 자신이 남들보다 우월하다고 생각되는 부분이 없다는 것이다. 수학 공부를 할 때에는 푸욱 빠져있어서 다른 생각을 할 겨를이 없지만 학교에만 가면 자꾸 친구들과 비교되어 여러모로 초라해지는 자신을 발견하게 된다. 점점 자신감이 떨어지고 수학 말고는 잘하는 것이 없는 자신이 점점 싫어진다. 나는 왜 이리 못났을까? 학교에만 가면 진희의 한숨은 깊어진다.

(2) 영재의 완벽주의 성향

영재의 완벽주의에 대해서 논할 때 우리는 "영재는 완벽한 사람인가?"와 "영재는 완벽주의적인 성향을 가지고 있는가?"의 중의적인 의미를 내포하는 이 두 가지 질문을 함께 생각하지 않을 수 없다. 아마도 다수의 부모들은 이와 같은 질문에 대해서 갸우뚱거리면서도 일반 아동이나 학생에 비해서 영재는 완벽하거나 완벽할 수 있을 것이라든지, 아니면 완벽하려고 노력하는 경향이 있다고 답할 수 있을 것이다. 먼저 영재는 완벽주의적인 성향을 가지고 있는지에 대해 살펴보자.

영재는 완벽주의적인 성향을 가지고 있는가? 필자의 대답은 "그렇다"이다. 어떻게 이렇게 단언할 수 있느냐고 물어보는 부모들에게 영재교육학자들에 의해서 수행된 연구들 몇 가지를 간략하게 소개하고자 한다. 완벽주의적인 성향은 영재의 특징으로 종종 언급된다. 이는 영재의 성취에 대한 높은 수준의 동기와 목표 달성에 대한 강한 의지와도 관련되어 있다. 완벽주의를 연구하는 학자들은 완벽주의를 크게 두 가지로 구분한다. 하나는 목표 달성을 위해서 완벽해지려는 강한 의지와 성향을 지칭하는 건강하고 긍정적이며 안정적인 완벽주의와, 다른 하나는 기대에 미치지 못하면 불안해하고 목표 달성을 위해서 극도로 집착하는 성향을 보이는 불안정하고 부정적이며 건강하지 못한 완벽주의이다. 영재의 완벽주의는 두 가지 관점 모두로 설명 가능하다.

첫째, 영재는 잘하려는 의지가 높다. 특히 자신이 잘하는 일에 대해서는 포기하지 않고 끈기 있게 몰두하면서 최선의 결과를 이루어 내려고 한다. 위대한 발명가 토마스 에디슨의 명언인 "성공은 99%의 땀과 1%의 머리로 달

성된다"에서 짐작해 보건대 영재는 성공을 위해서 최선 그리고 최대의 노력을 기울인다. 이 때 중요한 것은 자신이 좋아하고 잘하고 싶어하는 일, 잘할 수 있다고 믿는 일, 그리고 가치 있다고 생각하는 일에 대해서 많은 노력을 기울이고 완벽해지려는 성향을 보인다는 것이다. "우주선을 타고 화성에 도달해야 한다", "성인이 되어서 반드시 한 나라의 대통령이 될 것이다", "다음 번 시험에서는 전교 1등, 그 다음 번 시험에서는 전국 1등을 하겠다" 등과 같이 극도로 달성하기 어려운 목표를 설정하고 완벽해지려는 것이 아니다. 현실적인 완벽주의는 자신이 좋아하고 잘할 수 있는 일을 잘 알고 있고, 자신의 능력을 과신 또는 맹신하기보다 관심과 능력에 맞게 목표를 적절한 수준에서 도전적으로 설정하고 이를 달성하려고 노력한다. 그러나 비현실적인 완벽주의는 목표에 도달하려는 의지가 지나치게 강해서 이를 이루지

못하면 실패나 패배자가 되는 것으로 치부하고 불안해하며 나아가 신경증적인 증세를 보이게도 한다. 따라서 비현실적인 완벽주의는 성취를 조장하는 촉진제가 아니라 성취를 고집하고 이에 집착하게 만들어버리는 강박 증세를 야기시킬 수 있다. 부모는 자녀가 고집하고 집착하는 목표와 성취 수준이 자녀 자신의 관심이나 능력 수준에 어느 정도 부합하는지 정확하게 판단할 수 있어야 한다. 앞서 지적한 것처럼 너무나 이상적이고 터무니없는 목표를 설정하고 이를 고집하고 집착하는 것은 건강하지 못하며 부정적인 결과만을 야기시킬 수 있기에 영재는 잘하고자 하는 의지만큼 자신에 대해서 정확하게 잘 알고 있어야 한다. 이 때 부모의 객관적이고도 냉철한 판단과 정서적인 지지가 필요하다. 다시 말해서, 아동 스스로 무엇을 잘하고 못하는지에 대한 객관적이고도 냉정한 진단이 필요한 것이다. 그렇게 해야만 현실적이면서도 도전적인 목표를 달성하려는 건강한 완벽주의를 발휘할 수 있기 때문이다.

둘째, "영재는 완벽한가?"에 대한 질문에 대해서 필자의 즉답은 "그럴 수도 있고 그렇지 않을 수도 있다"이다. 영재는 남들이 가지지 못한 탁월한 능력과 재능이 있어 많은 사람들에게 부러움의 대상이 된다. 특히 학령기 자녀를 둔 부모에게 학교에서 우수한 성적을 보이고 솔선수범하며 매사에 책임감 있게 행동하는 학습 우수아, 일명 "학습 영재"는 일반적으로 공부 외적인 면에서도 별다른 문제가 없어 보이는 모범생으로 인식되기에 그 자체로 완벽하게 생각되거나 완벽해 보일 수 있다. 그렇다면 영재는 모든 것을 잘하는 완벽한 사람인가? 다수의 연구들과 경험적인 증거에 의하면, 한마디로 아니다. 먼저 영재는 자신이 관심이 있고 잘하는 일에 대해서는 완벽주의를 추구하고 완벽해 보일 수 있지만 이들이 모든 것을 잘한다는 것은 결코 사실이 아니다. 오히려 자신이 잘하는 일 외에는 관심이 없고 서툴며 수행 능력이 떨어지는 경우가 많다. 또래 친구들과 잘 사귀지 못하고, 모르는 사람들과의 대화, 교감 및 상호 작용이 유독 어렵고 힘든 경우가 많다. "신발끈도 매지 못하는 영재"라는 말은 자신이 잘하는 것 외에는 소소한 일에도 어설프고 어눌하며 잘하지 못하는 영재를 빗대는 말로 "완벽한 사람"이라는 인식과는 사뭇 다르다. 공부를 잘한다고 공부 외의 모든 것을 잘한다는 생각은 왜 하게 되는 것일까? 아마도 공부를 잘한다는 것에 대해서 우리가 부여하고 있는 의미와 중요성이 너무 크기 때문이 아닌가 싶다. "영재의 완벽주의 성향"과 "영재는 완벽하다"는 분명히 다른 의미를 가지고 있다. 단언하건대, 영재는 언제나 완벽주의 성향을 보이는 것이 아닐 뿐만 아니라 완벽하지도 않다.

주변에서 완벽주의 성향을 가지고 있는 학생들을 종종 보게 된다. 지태도 그 중 하나이다. 지태는 국내 최고의 명문 대학교에 입학하기 전, 어릴 때부터 동네에서 소문난 수재였다. 지태의 부모는 마을 사람들의 부러움의 대상이었고 어린 시절 남달랐던 지태의 학업 성적과 능력은 초등학교, 중학교, 고등학교 시기 수석 입학과 졸업을 반복하면서 명문 대학교 입학으로 예외없이 입증되었다. 지태의 대학교 생활이 너무나 기대가 되었던 것은 어린 시절부터 완벽해보이는 학교 생활이 대학교, 그리고 이후에도 지속될 것으로 믿어 의심치 않았기 때문이다.

그런데 지태는 대학교에 입학한 후 한번도 경험해보지 않은 일들을 겪으며 매우 힘든 시기를 보내고 있다. 항상 완벽한 학생으로 부러움과 칭송의 대상이 되었던 그가 이제 더 이상 자신이 1등이 아닌 평범한 학생

들 중의 하나라는 사실에 직면하고 이를 절실히 느끼면서 받아들여야 하는 상황에 놓이게 되었기 때문이다. 주위 친구들을 보면 모두 다 뛰어나다. 수업에 대한 이해력분만 아니라 과제 수행 속도와 수준, 번뜩이는 아이디어와 비판적인 통찰력과 해석, 이에 더해서 행간을 읽을 줄 아는 능력까지 갖춘 너무나 뛰어난 친구들 사이에 있는 자신이 극도로 초라하게 느껴진다. 그동안 1등 자리를 한번도 놓친 적이 없었던 완벽한 자신의 모습은 오간데 없고 하루하루 친구들과 비교하면서 뒤처지는 자신의 모습이 한심하고 애처롭기도 하면서 무기력하게만 보인다. 이렇듯 인생 최초로 경험하는 좌절감과 무기력감에 힘들어하면서 여지껏 없었던 습관이 생겼다. 과제를 미루거나 끝내지 못하는 것이다.

과제를 할 때면 지태는 누구보다도 긴장하게 된다. 완벽한 친구들에게 뒤처지기 싫어서 성실하게 사전 준비를 하고 과제를 시작하지만 끝내기가 무척 힘들다. 보고서를 쓸 때면 한 줄을 쓰고 지우고 다시 쓰고 지우고 하는 일을 거듭 반복한다. 완벽한 문장을 만들기가 너무나 힘들다. 다음 날 수업 시간에 학우들이 발표하는 보고서 내용은 완벽하기 그지 없다. 그렇게 열심히 사전 준비와 보고서 작업을 했음에도 지태는 보고서를 완성하지 못했고 과제를 기한일에 맞춰서 제출하지 못했다. 이와 같은 일들이 매 수업마다 반복이 되다 보니 자존감과 자신감이 땅에 떨어졌고 결과적으로 성적도 거의 낙제 수준에 이르렀다. 나아가 이제는 수업 시간에 발표하고 과제를 제출해야 하는 상황 자체가 싫어졌다. 친구들의 과제 수행 능력을 보는 시간도 싫고 매일 힘겹게 공부하는 자신을 받아들이기도 어렵다. 어서 빨리 이 상황에서 벗어나고 싶은 마음뿐이다. 지태는 스스로 자신이 더 이상 1등이 아닌 평범한 사람들 중의 한 명이라고 각인시키고 있다. 그리고 진정으로 무엇을 원하고 잘하는지, 어떻게 살 것인지에 대해 알고 싶기만 하다. 스스로 더 이상 완벽한 영재가 아니라고 자책하면서 지태가 선택한 것은 이번 학기를 휴학하고 군대에 가는 것이었다.

(3) 영재만을 위한 속진 학습과 심화 학습

부모들이 영재교육과 관련해서 가장 궁금해하는 것 중의 하나가 영재에 대한 속진 학습이다. 속진 학습을 제대로 이해하기 위해서는 속진이 이루어지는 두 가지 측면을 먼저 알고 있어야 한다. 첫 번째는 일반 정규 교육과정보다 도전적이고 어려운 수준의 교육 내용을 가르친다는 의미의 속진과 두 번째는 일반 정규 학기(예: 방학을 제외한 1학기와 2학기 9~10개월) 중에 학습할 내용을 단축하여(예: 여름 방학기간 3주) 빠른 속도로 학습을 진행한다는 의미의 속진이다. 이 두 가지 속진 학습의 기본 가정은 학생들을 동일한 연령이 아닌 비슷한 관심과 적성 및 학업수행 능력에 따라 함께 학습하게 한다는 것이다. 기술한 내용에서 알 수 있듯이 속진 학습은 교육과정, 교육 기간과 학습 속도, 학습자 구성(예: 집단 구성방식) 등을 모두 포괄하는 개념이지만 이들 중 한 가지만을 지칭할 때에도 사용된다.

필자는 교육과정, 교육 기간 및 학습 속도, 집단 구성(편성) 방식 중 마지막 집단 구성 방식, 특히 학습자를 어떻게 구성하는지에 대한 이야기로 속진 학습을 소개해보고자 한다. 속진 학습은 개인을 집단으로 편성하는 방식을 지칭하는 그룹핑(grouping)을 말할 때 빠질 수 없는 내용이며 많은 부모들이 영재교육에서 가장 궁금해하면서 관심을 가지고 있는 주제이다. 부모 입장에서 자녀가 영재성이 있다고 생각될 때 영재만을 위한 특별한 교육을 받게 해야 하는지 아니면 일반 학교에서 동일한 연령의 또래들과 교육을 받게 해야 하는지 고민할 수밖에 없다. 집단 구성 방식을 일컫는 그룹핑은 개인을 집단으로 나누어 편성할 때 구성원이 동질적(homogeneous)인지 아니면 이질적(heterogeneous)인지에 따라 동질 그룹핑과 이질 그룹핑으로 구분할 수 있다. 동질 그룹핑이 비슷한 관심과 적성 및 수행 능력을 보이고 있는 개인들로 집단을 구성하는 것인 데 반해, 이질 그룹핑은 다양한 관심과 적성 및 수행 능력을 보이는 개인들로 집단을 구성하는 것이다. 앞서 언급한 속진 학습은 동질 그룹핑의 가장 대표적인 예이다. 비슷한 친구들끼리 같이 모여 공부하는 방식의 예로 수학, 영어 과목에서의 우열반, 외국어 고등학교, 과학고등학교, 영재학교 등 특수한 목적을 가지고 설립된 학교, 연령에 기반한 정규 학년을 뛰어넘어 그보다 높은 학년에 바로 진학하는 월반 제도, 유치원이나 초, 중, 고등학교로의 조기 입학 등은 모두 속진 학습의 결과로 동질 그룹핑에 기반하고 있다. 이들 중 특수한 목적으로 설립된 고등학교나 영재학교, 월반 및 조기 입학 등은 급진적인 형태의 속진 학습을 가능하게 하는 동질 그룹핑의 대표적인 예이다.

흔히들 이와 같은 유형의 속진 학습과 동질 그룹핑을 영재들만을 위한 특별한 교육으로 생각하기 쉽다. 따라서 영재교육은 남들에 비해, 특히 동일한 학년에 속한 또래 친구들보다 미리 그리고 빨리 학습하게 하고 비슷한 영재로 구성된 교육 환경이 마련되어야 한다고 생각하기 쉽다. 그러나 영재만 모아서 함께 교육을 시키는 것이 좋을지, 이와는 반대로 영재와 영재로 선발되지 않은 비영재 일반 학생들을 함께 모아서 교육 시키는 것이 좋을지에 대해서는 학자들마다 의견이 분분하다. 단언컨대, 이 문제는 많은 부모들이 영재교육과 관련해서 궁금해하는 사안이다.

무엇보다도 영재만을 따로 모아서 교육하는 것은 영재교육 내에서도 대단히 급진적이고 배타적인 교육 방식으로 이야기되고 있다. 영재만을 대상으로 할 때, 영재에게 언제나 도움이 되고 좋은 것일까? 영재교육학자들의 의견은 다음과 같이 나뉜다. 대부분 영재는 자신과 비슷한 학생들과 집단을 이루어 공부할 때 학습에 대한 관심과 열망이 높아지고 지적 자극을 받으며 궁극적으로는 학업 성취를 높여준다는 연구 결과들이 보고되어 왔다. 이는 영재로 구성된 동질 그룹핑이 영재의 학습동기와 학업성취를 높이는 데 효과가 있다는 증거로 동질 그룹핑에 기반한 교육 내용과 과정의 속진 학습이 영재에게 긍정적인 영향을 미치고 있음을 보여주는 것이다. 그러나 여기에서 간과해서는 안 될 것이 동질 그룹핑이 영재의 학문적 자아개념과 학업 성취에 언제나 긍정적이지 않다는 점과 영재만으로 구성된 학습 상황이 영재의 학업 성취에 언제나 긍정적이지 않고 오히려 부정적인 결과도 초래할 수 있다는 점이다.

   동질 그룹핑이 영재들의 학문적 자아개념을 저하시키고 궁극적으로
학습에 부정적인 영향을 미치는 사례들을 우리는 주위에서 쉽게 찾아볼
수 있다. 중학교 때까지 항상 1등을 놓치지 않았던 승우의 경우를 살펴
보자. 승우는 중학교 졸업식 때 졸업생을 대표해서 표창장을 받았던 모
범생이자 학업 성적이 매우 탁월한 학생이었다. 중학교 때까지 열심히
학업에 매진한 결과 자신이 원하던 과학고등학교에 입학하게 되었고 미
래에 유능한 수학자 또는 과학자가 되고 싶다는 포부를 가지고 고등학교
생활을 시작하였다. 그런데 과학고등학교에서의 생활은 승우가 생각하지
않은 방향으로 진행되고 말았다.
   무엇보다도 자신과 비슷한 꿈을 가지고 고등학교에 들어온 또래 친구
들은 승우에게 자극과 격려가 되는 것이 사실이지만 자신보다 잘하는 친

구들, 때로는 너무 잘한다고 생각되는 친구들이 생각보다 많다 보니 상대적으로 위축되고 위압감이 들기 시작했다. 과학고등학교에 들어오기 전까지 반에서 그리고 학교에서 늘 가장 우수한 학생으로 꼽히면서 타인의 관심과 주목을 받아온 승우에게 자신이 아닌 다른 친구들이 더 주목을 받는 사실도 낯설 뿐만 아니라 자신보다 공부를 더 잘하는 학생들이 많다는 것도 받아들이기 힘든 상황이었다. 처음에는 '나도 더 열심히 해야지' 하는 생각을 하면서 마음을 굳게 먹고 공부에 집중했지만 자신의 생각과 기대에 못 미치는 성적이 계속 나오게 되자 승우의 실망감과 좌절감은 이루 말할 수 없다. 시간이 지나면서 성적이 향상되지 않고 자신보다 잘한다고 생각되는 또래 친구들과 자신을 자주 비교하기 시작하면서 승우의 자신감은 땅에 떨어지고 공부에 대한 흥미를 잃어 버리게 되었으며 급기야는 시험과 평가를 두려워하기 시작하였다. 중학교 때까지의 모습과는 너무나 다른 자신의 모습을 보면서 승우는 자신보다 뛰어난 또래 친구들과 경쟁하는 학교 생활이 싫고 두려워졌으며 급기야 학교에 가기 싫어서 이런저런 핑계로 수업을 무단으로 결석하기에 이르렀다.

승우의 사례는 동질 그룹핑과 이에 기반한 속진 학습이 영재의 학습 능력과 학업 성취에 부정적인 결과를 초래할 수 있음을 보여주고 있다. 승우는 과학고등학교에서 또래 영재 친구들을 만나기 이전까지 학교 생활을 모범적으로 해왔던 대표적인 학습 우수아였기에 과학고등학교라는 동질 그룹핑 교육 환경과 과학고등학교를 통한 빠르고 도전적인 내용의 학습 활동을 문제 없이 해낼 수 있을 것으로 기대했다. 그러나 승우는 또래 영재들과의 동질 그룹핑과 속진 학습으로부터 수혜를 받기는커녕 공부 외적으로도 자신감과 자존감 저하, 좌절과 실패의 경험으로 인한 학업 동기 저하, 그리고 이에 따른 부정적인 학문적 자아개념의 형성과 학교 생활에 대한 부적응 등 부정적인 경험을 쌓아가고 있었다. 승우의 사례는 주변에서 쉽게 찾아볼 수 있다. 그렇다면 동질 그룹핑과 속진 학습을 영재에게 권하면 안되는 것인가?

필자는 부모들에게 다음을 반드시 고려해서 자녀의 영재교육을 계획해볼 것을 제안하고 싶다. 첫째, 속진 학습은 영재의 학습에 대한 동기와 능력을 향상시키는 데 효과적이라고 영재교육 학자들은 말하고 있다. 다수의 국내외 연구들도 속진 학습이 영재의 학업 성취를 조장한다는 결과를 보여주고 있다. 그러나 속진 학습이 영재에게 언제나 긍정적인 결과를 가져다 주지 않는 것은 이들의 학문적, 인지적 동기와 수준 및 잠재적 능력 외에 정서적, 사회적 발달 수준을 함께 고려하지 않았기 때문이다. 필자가 본서를 통해서 이야기하고 있는 영재는 어른이 아닌 만 18세 이전의 어린 학생이나 청소년들이다. 영재가 현재 보여주는 학문적, 인지적 능력과 발달 수준은 자신의 현재 나이보다 뛰어날 수 있다. 이는 영재가 또래 일반 친구들에 비해서 학습능력과 학업성취 수준이 높은 사실로 증명된다. 그러나 영재가 또래 친구들보다 정서적으로 안정되고 성숙하며 사회성이 뛰어나다는 데에는 의견이 분분하다. 오히려 영재가 정서적으로 예민하고 불안정하며 자신이 잘하는 부분, 특히 학습영재의 경우 학업과 관련된 부분에는 상대적으로 더 무관심하고 어설픈 경우가 많이 있다고 보고되고 있다. 따라서 지나치게 경쟁적인 학습 환경에서 실패에 대한 내성이 강하지 못한 어린 학생들에게 과학고등학교나 영재학교와 같은 동질 그룹핑에 기반한 급진적인 형태의 속진 학습은 정서적, 심리적, 사회적으로 부정적인 결과를 초래할 수밖에 없다. 특히나 실패를 많이 경험하지 못하고 완벽주의적인 성향을 가지고 있는 영재에게 급진적인 속진 학습은 학습에서도 오히려 악영향을 미칠 수 있음을 기억해야 한다.

영재가 자신과 비슷한 또래 영재들과 관심과 흥미, 불안과 고민, 진학과 진로 등을 공유하고 공감대를 형성하면서 위로와 격려를 받는 것은 좋은 일임에 틀림없다. 그러나 영재가 아직은 어린 미성년자이고 학문적, 인지적, 정서적, 심리적, 사회적으로 모두 문제가 없는 완벽주의자가 아님을 고려했을 때 이들이 정서적, 심리적으로 감내할 수 있는 공부 환경을 제공해야 한다. 그리고 도전적이지만 현실적으로 가능한 학업 성취에 대한 기대감을 가져야 할 것이다. 영재는 또래 친구들에 비해서 공부를 더 잘할 수는 있지만 여전히 어린 학생이다. 치열하게 경쟁하는 상황에서 한걸음 성장할 수 있는 실패에 대한 내성이 축적되어 있고 이를 통한 회복탄력성을 가지고 있는 준비된 영재라면 과학고등학교나 영재학교와 같은 급진적인 속진 학습 환경을 진지하게 고려해볼 수 있다. 그러나 그렇지 않은 경우라면, 비슷한 연령대의 다양한 또래 친구들을 만날 수 있는 일반 학교나 자신이 특별하게 잘하는 교과목이나 영역(예: 수학, 언어, 과학, 예술 등)에서의 특별한 수업(예: 우열반, 영재학급) 또는 교육프로그램(예: 대학부설 영재교육원에서 제공하는 영재교육프로그램)을 통한 속진 학습을 고려해볼 것을 부모들에게 제안하고 싶다.

(4) 영재의 또래 친구와 대인 관계

영재는 친구가 많고 친구를 사귀는데 문제가 없을까? 혹여 친구 사귀는데 문제가 있어 외톨이로 지내지 않을까? 공부를 잘하는데 친구 관계에 무슨 문제가 있을까? 이처럼 우리는 영재의 또래 친구 관계에 대해서 궁금해 한다. 부모도 자녀의 친구 관계에 관심을 갖고 주의를 기울이지만 솔직히 공부나 학업 성적보다는 그것의 중요성을 과소평가하는 경향이 있다. 부모는 자녀가 또래 친구를 비롯한 타인과 문제없이 잘 지내기를 바라면서 당연히 자녀가 이와 같은 기대에 부합할 것으로 쉽게 생각하곤 한다. 특히 공부를 잘하는 학습영재는 학업 성적뿐만 아니라 학교에서 친구와 선생님들로부터 좋은 평가를 받고 원만한 대인 관계를 유지할 것으로 생각하는 것이 일반적이다. 과연 그럴까?

일반적으로 부모는 공부를 잘하는 학생들이 학교 생활도 적응을 잘하면서 별다른 문제없이 또래 친구들과 잘 지낼 것으로 생각한다. 이에 영재의 또래 친구 관계는 부모가 특별히 걱정해야 하는 주제로 인식되지 않았던 것이 사실이다. 그러나 부모의 상당수는 회상해보면, 예전에 공부를 잘했던 친구들은 친구가 많지 않아 외로워 했던 모습을 떠올릴 수 있을 것이다. 간혹 또래 친구관계 형성에 어려움을 겪었던 자신의 모습을 회상해보는 부모도 있을 것이다. 공부를 잘하는 학생과 공부만 하는 학생은 확연히 다르지만 왠지 공부를 잘하는 학생은 공부만 할 것 같은 생각을 하기 쉽다. 필자가 기억하건대, 어린 시절 만화책이나 소설책에서 보았던 공부 잘하는 아이들은 머리도 며칠씩 감지 않고 돋보기를 쓰고 있는 일명 공부 벌레나 똘똘이 박사, 때로는 괴짜 천재와 같은 이미지로 묘사되곤 하였다. 그렇다면 공부벌레, 똘똘이 박사, 괴짜 천재의 모습에서 과연 친구가 많고 그들 사이에서 인기가 많은 영재의 모습을 떠올릴 수 있을까?

다수의 연구들에 의하면, 놀랍게도 학습영재는 또래 친구들과 대체로 잘 지낸다. 특별히 이들이 동일한 연령대의 친구들과 관계 형성에 어려움을 겪는다고 보고한 연구들은 많지 않다. 실제로 우리가 학교에서 공부를 잘하는 모범적인 학생들을 생각해보면 이들이 눈에 띄게 친구가 없다거나 친구 관계에 어려움을 겪진 않았던 것 같다. 그러나 학습영재들은 동년배 친구들뿐만 아니라 자신보다 나이가 많은 선배나 어른들과 대화하기를 좋아하고 심리적으로도 편안하게 생각한다는 경험적 연구들이 많다. 선배나 어른들과의 대화는 영재로 하여금 학교 생활뿐만 아니라 정치적, 사회적, 윤리적 문제 등 평소에 관심을 가지고 있지만 동년배들과 쉽게 공유하지 못하는 문제들을 자유롭게 이야기할 수 있는 기회를 제공해줄 수 있다. 나아가 때로는 자신은 관심이 없지만 친구들과의 원만한 관계 형성과 유지를 위해서 해야만 하는 마음에 없는 가식적인 말과 행동들을 선배나 어른들 앞에서는 하지 않아도 되는 장점이 있어서 영재가 또래보다 나이가 많은 사람들과의 대화를 좋아하고 관계 형성에 편안함을 느낀다.

이처럼 영재가 또래 친구들을 비롯해서 동료와 선배, 선생님

등 연령대와 상관없이 원만한 대인관계능력을 보인다고 증명한 경험적 연구들은 영재가 학문적, 인지적 발달뿐만 아니라 정서 및 사회성 발달에서도 별다른 문제가 없는 것을 확신하게 한다. 그러나 왜 우리는 여전히 영재를 친구들이 많고 친구들 사이에서 인기가 많은 매력적인 사람으로 생각하지 않는 것일까? 영재의 친구관계 및 사회성 발달과 관련해서 부모가 간과하기 쉬운 두 가지 문제를 조금 더 살펴보기로 하자.

첫째, 다수의 영재들은 대인관계를 비롯한 사회성 발달에 특별히 문제를 보이지 않는다. 하지만 이와는 정반대로 친구 및 타인과의 관계 형성에 어려움을 겪는 영재들도 있다. 이들은 다른 사람들이 자신을 잘 이해하지 못할 뿐만 아니라 자신도 다른 사람들을 도무지 이해할 수 없다고 생각하기에 타인에 대한 공감 능력이 떨어지고 대인관계에서 전반적으로 어려움을 호소한다. 예를 들어, 지적 능력이 매우 뛰어난 학생[예: 지능지수(IQ) 155 이상]

이나 창의적인 특성이 두드러진 학생들은 흔히 사회성이 떨어지는 경우가 있다. 이들은 소위 말하는 자신만의 세계가 확실하고 그 속에서 자기중심적으로 생각하고 행동하는 경향이 있기에 자신과 다른 사람들을 이해하는 데 어려움을 겪는다. 아마도 우리 머릿속에서 그려볼 수 있는 사회성이 떨어지는 공부 벌레의 이미지는 자신만의 세계를 확고히 가진 개성이 아주 강하고 능력이 월등한 영재나 창의적인 학생들로부터 나온 것이 아닌가 싶다.

둘째, 일반 학생들과 마찬가지로 영재, 특히 청소년기 영재에게 또래 친구관계는 매우 중요한 문제이다. 청소년기에 또래 관계에서의 왕따 문제는 개인의 정체성 발달과 이에 기반한 대인 관계 및 전반적인 심리, 사회성 발달에 중요한 영향을 미친다. 영재는 자신이 또래 친구들보다 학습 능력이 뛰어나고 학문적으로 보다 더 성장할 수 있음을 누구보다도 잘 안다. 이들은 자신이 또래 친구들과 다를 수 있고 실제로 다르며, 자신이 또래 친구들 사이에서도 다르게 보일 수 있음을 인식하고 있다. 남들과 다르고 남들이 다르다고 인식하고 있음을 인지하는 것은 또래 친구와의 관계가 중요한 청소년기에 미치는 영향이 남다르다. 특히 영재는 자신이 남들과는 다른 특별한 사람이라고 생각되는 것에 대한 심리적 부담감을 가질 수밖에 없다. 일명 "영재낙인효과"라고 불리는 이와 같은 영재의 심리적 부담감은 영재라는 이름 때문에 발생할 수 있는 부정적인 경험에 관한 것을 담고 있다. 영재낙인효과는 영재가 또래 친구들과의 원만한 관계 형성과 유지를 위해서 자신의 잠재적인 재능을 숨기고 이를 통해서 자신이 남들과 다르지 않다는 점을 의도적으로 증명해 보이려는 행동에 관한 것으로 영재성 발달에 궁극적으로 부정적인 영향을 미칠 수 있음을 함의하고 있다. 뿐만 아니라 영재가 영재이기 때문에 언제나 행복하지 않을 수 있다는 사실을 상기시키고 있다. 또래 친구와 타인과의 관계를 위해서 자신의 영재성을 숨기고 부인함으로써 야기되는 영재성 발견과 계발 기회의 상실은 부모가 주의 깊게 관심을 가지고 살펴보며 생각해봐야 할 문제이다.

　미란이는 쉬는 시간이나 소풍, 수학여행처럼 친구들과 어울려야 하는 시간이 싫다. 왜냐하면 친구가 없기 때문이다. 반 친구들은 자신을 모범생, 반장, 공부를 잘하는 애, 공부만 하는 애, 선생님이 좋아하는 애, 그리고 함부로 다가서기 어려운 애로 생각하는 것 같다. 실제로 미란이도 마찬가지다. 학교에 가면 친구들끼리 삼삼오오 모여서 얘기하면서 다니지만 미란이에게는 어느 누구도 쉽게 다가오지 않는다. 쉬는 시간이나 점심 시간에 말을 거는 친구도 없고, 소풍을 갈 때면 누구랑 어떻게 재미있게 보내야 하는지 걱정이 되고, 수학여행을 갈 때 누구 옆에 앉아서 어떤 이야기를 해야 하는지 고민이 된다. 그냥 혼자서 공부하고 시간 보내고 수업 듣고 학원 다니면서 원하는 대학교에 입학하는 것이 미란이가 바라는 것인데 수업과 공부와 관련된 시간이 아니면 일단 누구랑 무엇을

어떻게 해야 하는지 막막하기만 하다.

미란이는 친구들이 자신을 어려워한다는 것을 잘 알고 있다. 그리고 자신이 친구들보다 뛰어나게 공부를 잘한다는 것도 알고 있고, 그렇기 때문에 자신을 공부만 하는 공부 벌레나 선생님이 좋아하는 모범생으로 친구들이 생각하고 있다는 것도 누구보다도 잘 안다. 사실 미란이는 공부밖에 모르는 답답하고 소위 꽉 막힌 학생으로 인식되고 있는 자신의 모습이 싫다. 대개 친구들에게 인기있는 사람들은 자신과는 달리 공부만 하지는 않는 것 같다. 성격도 털털하고 이것저것 아는 것도 많고 게임도 잘하고 운동도 잘하는 등 자신이 가지고 있지 않은 많은 재능들을 가지고 있는 것 같다. 친구들은 미란이가 공부만 하고 공부 외에는 생각과 고민이 없다고 생각하겠지만 미란이는 매우 예민하고 정서적으로 민감한 학생이다. 친구들이 자신을 어떻게 생각하고 있는지, 친구들 사이에서 "미란이 같은 애"라는 말이 무엇을 뜻하는지 누구보다도 잘 알고 있다. 학교 생활의 외로움과 고립감에서 벗어나기 위해서, 공부 외에는 두드러지는 것이 없는 자신이 공부 벌레나 모범생의 답답한 이미지로부터 탈피하기 위해서, 그리고 또래 집단에서 소외되고 고립되고 있는 상황이 불편하고 싫어서 자신이 변해야만 한다는 생각을 많이 하고 있다. 이에 미란이가 결심한 것은 공부와 관련된 것을 학교에서는 하지 않고 친구들이 관심있고 좋아하는 것을 무조건 따라해 보는 것이었다.

미란이는 앞으로 친구들 앞에서 하지 말아야 할 것들을 리스트로 만들어 보았다. 리스트에는 다음의 것들이 적혀 있었다: 수업시간에 집중하지 말기, 질문하지 않기, 대답하지 않기, 선생님 말씀을 맹목적으로 따르지 않기, 친구들에게 공부 얘기 절대 하지 않기, 공부 잘한다는 티 안 내기, 공부하는 모습 보여주지 않기, 게임하기, TV 보기, 친구들과 운동 같이 하기 등등. 미란이는 자신이 관심있어 하는 것들과 남들보다 뛰어난 자신의 재능을 숨기기 시작했고 급기야 자신은 영재가 아님을 수없이 되뇌이기 시작했다. 지금 미란이에게는 공부를 잘하는 것도 중요하지만 학교 생활이 너무나 외롭고 힘들다. 학교를 그만두는 것은 생각할 수도 없는 미란이이기에 학교를 잘 다니려면 친구들과 잘 지낼 수밖에 없다고 미란이는 결론을 내렸다. 그렇게 하기 위해서는 자신의 영재성을 숨기고 부인하면서 영재가 아님을 친구들에게 지금부터라도 각인시킬 수밖에 없는 상황이다.

잠시 쉬어가기

　지금까지 필자는 영재와 영재의 특징에 대한 이야기를 다루었다.
특히 부모들이 많이 들어보지 못했거나 미처 생각하지 않았던 영재의
이야기를 통해서 영재라고 불리는 뛰어난 학생들도 일반 학생들과
별반 다르지 않은 심리적, 사회적 특성과 발달 수준을 보이고 있음을
알게 되었을 것이다. 영재는 동일한 연령이나 학년에 있는 또래 친구
들에 비해 인지적, 학문적으로 뛰어날 수 있지만 이것이 이들의 정서
적, 심리적, 사회적 발달 수준도 또래 친구들에 비해서 항상 뛰어나
다는 것을 의미하지는 않는다. 오히려 정서적, 심리적, 사회적으로 예
민하고 자신이 가지고 있는 기대와 요구 수준이 높아서 부모가 생각
하는 것보다 영재는 훨씬 심리사회적으로 어려움을 겪을 수 있다.

　간단히 정리하자면, 영재의 인지적, 학문적 수월성 및 탁월성과 심
리사회적 발달 수준은 일치하거나 비슷하기보다 오히려 간극이 있다.
다시 말해서, 높은 인지 및 학문적 발달 수준에 비해 정서 및 심리적

상태와 사회성 발달은 일반적으로 자신의 연령이나 학년에 있는 동년배 또래 친구들의 수준과 비슷하다. 이는 영재 개인 안에서 인지 및 학문적 발달과 정서, 심리 및 사회적 발달 수준 간에 차이가 있는 것으로서, 학문적 발달과 심리사회적 발달이 동시에 동일한 수준으로 진행되지 않음을 의미하는 것이다. 이와 같은 현상을 학자들은 "발달의 비동시성(asynchrony)"이라고 부르면서 많은 영재들이 경험하는 현실적인 문제로 그것의 심각성을 지속적으로 제기하고 있다. 영재는 모든 면에서 특별한 문제가 없고 공부도 잘하고 정서적으로도 안정되고 건강하다라는 인식을 가지고 있다면 발달의 비동시성을 경험하는 영재의 세계를 제대로 이해하지 못한 결과라 할 수 있다.

부모라면 누구나 '왜 똑똑한 우리 아이가 내 마음을 이해하지 못하는 걸까? 왜 이리 비뚤어지게 왜곡해서 생각하고 행동하지? 이러면 우리 아이를 위해서 안되는데…'라는 생각을 해봤을 것이다. 아마수도 없이 했을 것이고 지금도 하고 있을 것이다. 그렇다면 영재 자녀는 어떨까? 동일한 생각을 할 것이다. '왜 우리 엄마, 아빠는 내 마음을 모르시지? 내가 더 잘 아는데 … 우리 부모님은 나와는 너무 다른 것 같다. 말이 안 통해.' 많은 영재들이 이렇게 거의 매일 하소연하면서 외치는 소리가 들리는 듯하다. 서로의 마음을 모른다고 생각하는 부모와 영재 자녀는 그저 답답하기만 하다. 영재 아동이 커가면서 자신의 재능 계발과 고민에 대해서 부모에게 상의하지 않고 대화의 문을 닫아 버리는 경우가 비일비재하다. 부모는 자녀가 올바른 길로 바로 갈 수 있도록 미리 답을 정해놓고 숏(short)길로 안내하며 지도하고 싶은 생각을 하기 마련이고, 영재 아동은 자신은 비록 어리지만 나이는 숫자에 불과하고 인지 능력과 판단력은 누구보다도 뛰어나다고 믿을 것이다. 이런 일들이 반복되면서 부모에게 비친 영재 아동은 그야말로 세상 물정 모르고 부모가 너무나 잘 알고 있는 길을 곧바로 가려고 하지 않는 "헛똑똑이"일 것이다. 반면, 영재 아동은 부모를 자신을 어린 아이 취급하고 몰라주는 "잔소리" 대왕으로 생각할 것이다.

헛똑똑이와 잔소리 대왕은 성인기 이전 영재의 비동시성에 대한 이해 부족에서 비롯된다. 영재의 경우, 인지능력과 합리적 판단력은 자신의 실제 연령보다 높을 수 있다. 그럼에도 심리적인 안정과 사회적 특성 및 행동은 일반적으로 자신의 연령대인 어린 아이 수준이다. 제 아무리 영재라고 해도 영재는 자신이 어린 아동임을 망각하기 쉽다. 부모는 영재 자녀가 머리가 좋고 공부를 잘하기 때문에 자신의 말을 잘 이해하고 따를 것으로 믿고 싶겠지만 아동은 자신이 인지하고 판단하는 것만큼 자신이 어른처럼 성숙하게 행동한다고 생각하기 마련이다. 따라서 자신에게 "이렇게 해라 저렇게 해라" 하는 부모가 이해가 안될 뿐이다.

영재는 모든 면에서 완벽하지 못하다. 생각만큼 그리고 생각처럼 행동이 따라준다면 좋겠지만 그렇지 못한 것이 사실이다. 영재 아동,

영재 학생의 특징을 이해할 때 잊지 말아야 할 것은 여전히 어른이 아니지만 뛰어난 인지능력과 판단력을 가지고 있다는 점이다. 그러나 여기에서 간과해서는 안되는 것이 판단력과 수반되는 행동이 언제나 일치하지 않는다는 것이다. 왜냐하면 영재는 여전히 어린 아동이기 때문이다. 영재의 비동시적인 발달에 대한 이해를 통해서 영재 자녀를 둔 부모의 솔로몬과 같은 지혜가 자녀 교육에서 십분 발휘되기를 기대해본다.

2. 영재성이란 무엇인가?

앞에서 영재란 누구인지에 대해서 이론적 그리고 행정적으로 내린 정의들을 살펴보았다. 더불어 영재의 특징에 대한 간략한 개관과 함께 부모들에게 잘 알려져 있지 않은 영재의 고민과 세계를 살펴보았다. 그렇다면 영재의 특별하고도 탁월한 능력과 재능을 지칭하는 "영재성"이란 무엇인가? 영재성을 이해하기 위해서 먼저 이론적으로 영재성을 어떻게 설명하고 있고, 영재성과 함께 종종 언급되고 있는 창의성이나 재능과 어떻게 개념적으로 구별되고 있는지 살펴보기로 하자.

2.1 이론으로 배우는 영재성

"영재성이란 무엇이다" 이렇게 한 마디로 간략하게 정의내릴 수 있을까? "영재는 누구이다"라고 명확하게 단언하기 어려운 것처럼 영재성을 한마디로 정의하기란 힘들다. 20년 넘게 영재성에 대해서 공부하고 연구하고 있는 필자에게도 이것은 불가능하다는 생각이 든다. 많은 사람들이 필자와 같은 생각을 하고 있는지 학계에서 영재성을 논할 때 "영재성은 무엇이다"라고 선언하기보다 영재성을 구성하는 다수의 요인들을 포함하는 이론적 모형을 만들고 각각의 요인들을 설명하는 것에서부터 시작하는 것이 일반적이다.

(1) 세고리 모형

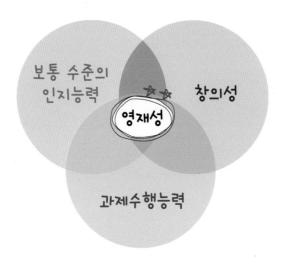

영재성을 설명하는 가장 대표적인 이론적 모형으로 현존하는 영재교육학자들 중 가장 활발하게 활동하는 학자 중의 한 명인 렌줄리(J. Renzulli)의 세고리 모형(the three-ring model)을 들 수 있다. 1978년 논문으로 발표된 세고리 모형은 영재성을 세 가지 하위 요인으로 구성된 개념으로 설명하고 있다. 첫 번째 요인은 인지능력으로 렌줄리는 이를 구체적으로 보통 수준의 인지능력으로 정의하였다. 두 번째 요인은 창의성이다. 마지막 세 번째 요인은 과제수행능력(task commitment)이다. 얼핏 살펴보면 특별하게 보이지 않는 이론적 모형이 가장 대표적이면서 많이 인용되는 모형으로 오랜 시간 동안 사랑받고 언급되고 있는 것은 각각의 요인들이 가지고 있는 특별한 의미 때문이다. 각각이 어떠한 의미를 가지고 있는지 살펴보도록 하자.

첫 번째 요인인 보통 수준의 인지능력은 1970년대 후반 당시 영재와 영재성을 이해했던 사람들에게는 받아들이기 어려웠을 것이다. 일반적으로 영재는 인지능력이 매우 뛰어난 사람으로 인식되어 왔기에 인지능력의 수준을 보통 이상으로 규정한 것은 많은 사람들에게 납득이 되지 않았다. 보통 수준의 인지능력은 보다 쉽게는 "평균 이상의 지능"으로 생각할 수 있다. 전통적으로 지능의 평균을 100으로 봤을 때 IQ 100 이상이면 영재성을 이루는 한 가지 요인의 조건을 만족시킨 것이 된다.

두 번째 요인인 창의성이 영재성의 일부로 포함된 것도 1970년대 당시에는 받아들이기 어려운 주장이었다. 창의성이란 일반적으로 영재성과는 별개의 것으로 새롭고 독창적인 아이디어를 내고 문제를 해결하는 능력으로 정의된다. 이런 창의성이 영재성을 구성하는 한 가지 요인으로 포함된 것은 매우 도전적이고 획기적인 제안이었다.

세 번째 요인인 과제수행능력은 과제를 끝까지 해내고 말겠다는 의지와 이에 수반되는 행동을 함께 지칭한다. "공부를 열심히 해야지!"라며 강한 의지를 드러낼 수 있지만 결의를 다진 만큼 열심히 공부를 하지 않는 경우가 오히려 더 많다. 마음과 행동이 따로 진행되는 경우가 많아서 의지만큼 그리고 의지에 따라서 부합되는 행동이 나오기란 결코 쉽지 않음을 우리는 잘 알고 있다.

세고리 모형은 보통 수준의 인지능력, 창의성, 과제수행능력의 세 가지로 영재성을 설명하면서 개인의 영재성 발현이 세 가지 요인들을 모두 가지고 있을 때에만 가능하다고 가정한다. 따라서 인지능력이 극도로 뛰어날지라도, 또는 제 아무리 창의성이 높거나 과제수행능력이 탁월할지라도 이들 세 가지를 모두 가지고 있지 않으면 개인의 영재성이 발현되지 못한다. 이와 같은 사실은 부모들이 일반적으로 생각해왔던 영재성의 내용과는 거리가 있을 수 있다. 예를 들어, 자녀의 지능지수(IQ)가 155인 경우 '우리 아이는 진짜 영재다'라고 생각하는 부모에게 세고리 모형은 아이가 또래 친구들보다 뛰어난 창의성과 과제수행능력을 가지고 있는가를 물어볼 것이다.

렌줄리는 인지능력과는 다르게 창의성과 과제수행능력의 수준을 구체적으로 명시하지 않았다. 일반적으로 영재는 또래 친구들에 비해서 창의성과 과제수행능력이 높다고 생각할 수도 있지만 렌줄리가 중요하게 생각한 것은 세 가지 요인들을 균형 있게 가지고 있는 것, 인지능력이 보통 수준만 넘으면 된다는 것, 창의성이 필요하다는 것, 그리고 많은 부모들이 간과하는 과제수행능력이 영재성의 일부에 포함될 만큼 중요한 능력이라는 점이다. 뿐만 아니라 그는 개인에 따라서 각각 고리의 크기가 다를 수 있음을 인정하였다. 다시 말해서, 타인에 비해서 인지능력의 고리, 창의성의 고리, 과제수행능력의 고리가 크거나 작을 수 있지만 이들 세 가지 고리를 모두 가지고 있는 것이 영재성이라는 것이다.

1970년대 초반에 영재에 대한 정의가 공문화된 지 6년 뒤 한 교육학자에 의해서 제안된 세고리 모형의 내용은 당시 영재와 영재성에 대한 생각과는 사뭇 다른 상당히 관대하고 포괄적인 견해를 담고 있었다. 이와 같은 관대하고 포괄적인 영재성에 대한 인식은 렌줄리가 교육심리학자로 연구와 교육활동을 하기 이전에 과학 교사로 교직생활을 한 경험이 많은 영향을 미쳤다. 그가 생각하고 있었던 영재성은 성인기에 어른들에게서 보여지는 "영재 행동"이었다. 렌줄리에 의하면, 영재성을 가지고 있는 학생들이 성인기에 실제 행동으로 보여준 영재성은 인지능력과 창의성, 그리고 과제수행능력의 세 가지 합으로만 가능한 것이며 눈에 보이는 행동으로 드러나야 한다.

세고리 모형은 이후 몇 차례 수정되어 현재는 이들 세 가지 개인적 능력 외에도 정의적 특성과 환경적 요인들이 추가되어 영재성을 설명하고 있다. 그러나 필자는 학자들이 이론적 모형을 처음 제안할 때 나온 첫 번째 버전의 모형이 전달하고자 하는 메시지의 본질을 가장 잘 담고 있다고 생각한다. 오늘날의 관점에서 세고리 모형을 살펴보면, 이것을 구성하는 세 가지 요인들이 영재성을 이야기할 때 당연히 포함되어야 하는 개인적 특성이자 능력으로 생각된다. 그러나 1970년대 말 당시로 거슬러 올라가면, 세고리 모형은 렌줄리라는 학자의 창의적인 통찰력과 다양한 연구 및 교육 경험들이 있었기에 탄생할 수 있었던 모형임에 틀림없다. 결과적으로 세고리 모형으로 말미암아 오늘날 영재교육의 대가 중 한 명인 렌줄리라는 학자가 있다고 해도 과언이 아니다.

(2) 별 모형

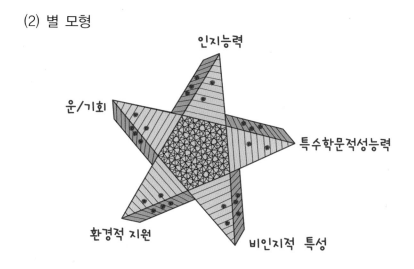

세고리 모형보다 약간 복잡해진 모형이 별모형이다. 세고리 모형이 영재성을 설명하는 세 가지 요인들을 포함한 것이라면 별모

형은 별의 모양으로 짐작하건대 다섯 가지 요인들로 영재성의 발현과 계발을 이야기한다. 또 다른 저명한 영재교육학자인 타넨바움(A. Tannenbaum)은 영재성을 구성하는 다섯 가지 요인으로 인지능력, 특수학문적성능력, 비인지적 특성, 환경적 지원, 운/기회를 제안하면서 이들 다섯 가지가 모두 있어야 개인의 영재성이 드러나고 계발 가능하다고 주장하였다.

첫 번째 요인이 일반적인 지적 능력(예: 지능)이라면 두 번째 요인은 특정 교과목과 관련된 학업적성능력이다. 예를 들어, 수학에서 뛰어난 학생의 경우 수학적성능력, 과학에서 뛰어난 학생의 경우 과학적성능력, 언어에서 뛰어난 학생의 경우 언어적성능력이 각각 또래 친구들에 비해서 뛰어나다는 것이다. 세 번째 요인인 비인지적 특성은 보다 포괄적인 개인적 특성들을 지칭하는데 성격, 동기, 의지, 창의성 등이 이에 포함된다. 끈기, 인내심, 도전감, 집중력, 열정, 완벽주의 등의 성격 및 성향, 잘하려는 의지와 동기, 남들이 생각하지 못하는 독창적인 사고와 문제해결능력인 창의성 등 개인의 정의적 및 심리적 특성들이 영재성의 발현과 계발에 필요하다는 것이다. 재미있는 것은 창의성이 비인지적 특성에 포함되었다는 점이다. 창의성은 비인지적 특성이나 능력으로 이해될 수 있지만 이와는 반대로 인지적 특성이나 능력으로도 인식되고 있다. 타넨바움은 창의성을 비인지적 특성의 하나로 포함함으로써 렌줄리처럼 영재성의 일부로 창의성을 다루지는 않았다. 그러나 창의성은 비인지적 특성의 하나로 지적, 학문적 능력과는 구별되는 영재성을 구성하는 하위 요인으로 여전히 인식되었다. 네 번째 요인인 환경적 지원이란 가정, 학교, 지역사회 공동체, 국가 및 사회로부터의 지원과 지지를 의미한다. 이는 영재성을 발견하고 계발하는데 개인이 속한 미시적·거시적 환경으로부터의 지원과 지지의 필요성을 강조한 것이다. 나아가 영재성이 개인으로부터 나오는 특성이나 성향 및 능력을 넘어 환경의 영향으로 계발되고 실현되어 궁극적으로 그것의 가치를 인정받게 된다는 점을 상기시키고 있다. 환경 요인은 어린 시기 가정에서의 부모와 형제, 자매, 학령기 학교에서의 교사와 친구, 성인기 직장이나 사회에서 만나게 되는 멘토(mentor) 등 영재성 발견과 계발에 중요한 영향을 미치는 물리적 공간과 사람들을 모두 지칭하고 있다.

마지막으로 운과 기회가 영재성의 구성 요인으로 포함된 것은 생소하게 들릴 수 있다. 그러나 영재성 발현과 계발에 운과 기회가 따라 주어야 한다는 사실에 많은 부모들이 공감할 수 있을 것이다. 영재성 계발은 영재성이 발견되고 성장할 수 있는 기회가 시의적절하게 주어져야만 가능하다. 이와 더불어 영재성 자체가 사회, 문화적으로 가치가 있다고 여겨지는 특별한 재능이어야만

한다. 예를 들어, 골프 신동을 넘어 황제가 된 타이거 우즈(Tiger Woods)가 200년 전에 세상에 태어났다면 우즈의 골프 영재성에 대한 감동과 경외심은 없었을 것이다. 골프 이야기를 조금 더 해 보자. 오늘날 골프가 점차 많은 사람들의 관심과 사랑을 받으면서 세계적으로 뛰어난 선수로 성장한 우리나라 골퍼들이 많이 있다. 예를 들어, 현재 세계 무대에서 탁월한 기량을 발휘하고 있는 우리나라 여자 골프 선수들을 "박세리 키즈"라고 부른다. 박세리 선수의 1998년 U.S.오픈 우승은 국제통화기금인 IMF(International Monetary Foundation)로부터 긴급 재정 지원을 받았던 국가적으로 매우 어려운 시기에 우리나라 국민들에게 많은 위안과 환희를 안겨주었다. U.S.오픈은 골퍼라면 누구나 우승을 꿈꾸는 일명 메이저(major) 대회들 중 하나로 메이저 대회 중에서도 가장 권위있는 대회로 꼽히고 있다. 박세리 선수의 우승 이후 다수의 한국 여자 골퍼들이 미국으로 진출하여 세계 상위 순위를 점령하고 있다. 별모형으로 기술한 골프 영재성에서의 운과 기회 요인을 나열해 보자면, 박세리 선수, 최첨단 골프 장비, 권위있는 해외 프로 경기 참여의 기회, 골프를 좋아하는 사람들이 많은 사회, 골프를 잘하면 재정적, 사회적 보상을 받게 되는 시대적 상황 등으로 요약할 수 있다. "시대를 잘 타고 태어나야 한다"는 말 속에 함의된 내용이 별모형에서 이야기하는 운과 기회 요인에 관한 것인 듯하다.

2.2 영재성과 창의성

　영재성을 설명하는 이론적인 모형은 여러 가지가 있지만 필자는 한국의 부모님들을 위해서 그림으로 볼 수 있는 두 가지 대표적인 영재성 모형(예: 세고리 모형, 별모형)을 소개하였다. 두 가지 모형만을 살펴보았음에도 이들 간에 공통점을 찾을 수 있다. 첫째, 영재성이 다수의 요인들로 구성되어 있다는 점이다. 일반적으로 지능이 매우 뛰어난 사람을 영재라고 믿는 부모들이 많다. 그러나 영재성은 지능뿐만 아니라 창의성, 성격, 동기, 과제수행 능력 등 다양한 범주의 개인적 특성, 성향, 적성 및 능력 등을 포함하고 있다. 둘째, 개인에 따라 가지고 있는 영재성 구성 요인들의 크기가 다를 수 있지만 영재성 계발과 실현을 위해서는 이러한 요인들을 모두 가지고 있어야 한다는 것이다. 이는 영재성을 계발하고 이것이 사회적으로 인정받는 재능으로 발현되기 위해서는 이와 같은 다양한 범주의 요인들을 필요로 한다는 것을 의미한다. 더불어 영재성 계발과 실현 과정이 결코 쉽지 않다는 사실을 함축하고 있는 것이기도 하다. 또 다른 논의는 잠시 뒤로 하고 필자는 다음과 같은 질문을 부모들에게 던지고자 한다. "영재성의 일부로 포함된 개인 요인으로 창의성이 포함된 것에 대해서 어떻게 생각하시나요?"

이 질문에 대해서 한편에서는 "영재성과 창의성은 그래도 비슷한 것 아닌가요?"라고 응답할 수 있을 것이고, 다른 한편에서는 "창의성, 글쎄요 … 영재성과는 다른 것 아닌가요?"라며 반문할 수도 있다. 또 다른 한편에서는 "영재성과 창의성은 같은 것 같기도 하고 다른 것 같기도 한데 잘 모르겠어요"라고 정직하게 고백할 수도 있을 것이다. 이처럼 영재성과 창의성 간의 관계에 대해서 오랜 시간 동안 다양한 목소리가 있어 왔고 지금까지도 이에 대한 의견은 분분하다. 그럼에도 영재성과 창의성 간의 관계는 다음과 같이 다섯 가지로 정리해볼 수 있다. 첫째, 영재성이 창의성을 포함한다. 둘째, 창의성이 영재성을 포함한다. 셋째,

영재성과 창의성은 완전히 같은 것이다. 넷째, 반대로 완전히 다른 별개의 것이다. 마지막으로 영재성과 창의성은 상당 부분 겹치지만 완전히 같지는 않다. 필자에게 이 둘 간의 관계에 대한 질문을 한다면 다음과 같이 말하지 않을까 싶다. "영재성과 창의성 모두 무엇이라고 단정짓기에는 너무나 복합적이고 고차원적인 인간 특성인지라 같은 것인지 다른 것인지는 모르겠어요. 그렇지만 창의성이 영재성의 일부로 포함된 것은 좋은 생각이라고 믿어요." 보다 명쾌하고 속이 후련한 답을 기대한 부모들이라면 조금은 실망스러운 응답이겠지만 필자는 진짜로 그렇게 대답할 것이다.

영재성과 창의성 간의 관계를 설명하는 다섯 가지 중 앞서 살펴본 세고리 모형과 별모형을 바탕으로 이야기를 다시 해보자. 이 두 모형은 창의성을 영재성의 부분으로 포함하고 있다. 물론 세고리 모형에서의 창의성은 영재성의 핵심을 이루는 한 축이다. 이에 대해서 필자는 좋은 생각이라고 밝히는 데 주저하지 않는다. 이 때 "좋다"라는 말은 새로운 또는 창의적이라는 의미를 가지고 있다. 영재성이라고 하면 학습능력, 지능, 인지능력, 쉽게는 공부 잘하는 것, 수학이나 과학을 잘하는 것 등으로 생각해오던 당시의 창의성을 영재성의 일부로 포함한 것은 새롭고 도전적인 생각 임에 틀림없다. 창의성이 영재성의 구성 요소로 포함되었다면 창의성은 영재성과 같은 개념일까?

우리가 잘 아는 벤다이어그램(van diagram)으로 영재성과 창의성 간의 관계를 그려보면 영재성이 창의성을 포함하는 큰 원이며 창의성은 그 속에 들어가는 작은 원이 된다. 이는 창의성의 모든 속성을 영재성이 가지고 있다는 것을 의미하는데 수긍이 가면서도 일부 수긍되지 않는 측면이 있는 것이 사실이다. 왜냐하면 우리가 보통 생각하기에는 창의성이 영재성과는 다른 것 같은데 어떻게 창의성이 영재성 안에 들어가는 작은 원이 될 수 있느냐는 것이다. 그렇다면 창의성은 무엇인지 잠시 살펴보기로 하자.

창의성도 영재성과 마찬가지로 한 마디로 정의하기가 어렵지

만 일반적으로 새롭고 독창적인 것과 관련된 것으로 인식되고 있다. 다시 말해서, 창의성이란 남들이 생각해내지 못하는 방식으로 사고하고 관찰하여 문제를 인식하고 발견하며 이를 풀어내는 것과 관련된 개인적 특성이자 능력이다. 따라서 창의성은 개인이 가지고 있는 독특하면서도 고차원적인 수준의 재능으로 이해될 수 있다. 영재성이 창의성을 포함하는 것이라면 세고리 모형이나 별모형에서 설명하는 영재성의 발현과 계발 및

실현은 창의성이 있어야만 가능하다. 오늘날 창의성은 학교에서 뿐만 아니라 직장, 지역사회공동체 및 국가적으로 매우 중요하게 생각되는 대표적인 미래핵심역량 중의 하나이다. 창의성을 포함하는 이 두 가지 모형은 영재성이 창의성 없이는 빛을 발휘할 수 없다는 것과 창의적 속성이 포함되지 않은 영재성이란 의미가 없음을 시사하고 있다. 창의성은 그만큼 영재성의 본질적 속성이자 핵심 요인인 것이다.

2.3 영재성과 재능

영재성과 재능은 같은 것인가, 다른 것인가? 이 질문 또한 필자가 많이 받는 질문이다. 창의성 이야기와 마찬가지로 영재성과 재능을 개념적으로 구분하는 일은 쉽지 않다. 재능 자체를 정의하는 것도 쉽지 않기 때문이다. 재미있는 사실은 1972년 미국에서 처음으로 영재에 대한 정의를 내릴 때 영재는 영어로 "gifted and talented children"으로 지칭되었다. 우리나라 말로 번역하면 "영재성과 재능이 있는 아이들" 아닌가? 영재는 누구이며 재능이 있는 아이란 누구인가? 이 질문이 점점 혼란스러워지는 이유는 영재성과 재능이 다른 단어임에도 최초로 공문화된 정의에서 영재를 지칭할 때 이들을 모두 포함하고 있기 때문이다. 실제로 영재교육학자들은 영재성과 재능의 개념을 동일하거나 최소한 유사한 개념으로 사용해 왔다.

1972년 이후 영재성이 재능이고 재능이 영재성으로 불린 경우가 많았다. 그러던 중 영재성과 재능의 개념을 처음으로 시원하고 명쾌하게 구별한 학자가 있었는데 지금은 은퇴한 캐나다의 영재교육학자인 가네(F. Gagné)이다. 가네는 1985년 일명 "영재성과 재능 구별모형"을 제안하면서 영재성은 타고난 적성 능력(aptitude)이고 재능은 영재성이 계발되어 나타나는 특별한 기술(skills)로서, 이들을 구분하였다. 가네에 의하면, 영재성은 잠재성이며 이와 같은 잠재성은 학문 영역, 창의적 영역, 심리사회적 영역, 운동감각 영역 등 다양한 영역(domain)에서 나타난다. 이에 반해 재능은 잠재적 적성 능력인 영재성이 계발되어 보다 세분화된 분야(field)에서 각각 요구하는 전문 지식과 기술로 발현되는 것이다. 가네는 영재성이 타고난다는 점을 인정하였지만 타고난 능력이 계발되어야 궁극적으로 재능으로 실현된다고 주장하였다.

가네의 모형은 영재성이 재능으로 계발되어 특별한 기술로 드러나는 과정에 대해서도 상세하게 설명하고 있다. 간략하게 정리하면, 영재성이 재능으로 계발되기 위해서는 두 가지 촉매제(catalysts)가 있어야 하는데, 이들 중 한 가지는 개인적 촉매제이고 다른 한 가지는 환경적 촉매제이다. 개인적 촉매제는 개인의 성격, 동기, 의지, 열정, 끈기 등을 포함하며 환경적 촉매제는 가정, 학교,

지역 공동체, 사회, 국가 등 주변 환경으로부터의 지원을 포함한다. 촉매제라는 용어에서 짐작할 수 있듯이 개인적 촉매제는 개인과 관련된 요인, 환경적 촉매제는 환경과 관련된 요인으로 이들 모두 영재성 계발을 촉발하거나 반대로 억제할 수 있는 기능을 할 수 있다. 촉매제가 긍정적인 역할을 촉발시키는 것이라면 영재성이 재능으로 계발되는 데 도움이 되는 역할을 하는 반면, 억제하는 기능을 한다면 부정적인 촉매제가 되어버린다. 촉매제가 긍정 또는 부정 촉매제의 역할을 하는 것에 따라서 영재성이 재능으로 계발되어 발현되기도 하고 계발되지 못한 채 잠재성으로 사라져버릴 수 있다. 이들 촉매제의 도움을 받으면서 끊임없이 학습과 훈련의 과정을 통해서 영재성은 재능의 경지에 이를 수 있다. 가네 모형은 영재성이 재능으로 완성되려면 여러 요인들이 필요하고 열정과 피땀 어린 학습과 훈련, 노력의 과정이 반드시 수반되어야 한다는 점을 강조하고 있다.

"우리 아이는 어렸을 때에는 정말 천재였던 것 같은데 점점 아닌 것 같아요", "어렸을 때에는 뛰어났는데 자라면서 그 영특함이 없어지는 것 같아요", "왜 커가면서 점점 더 못하는 걸까요?"라며 자녀를 걱정하는 부모가 많다. 그런가 하면 부모 스스로 학창 시절을 떠올리며 "학교 다닐 때 정말 수재였던 친구였는데 지금은 뭐 하는지 소식이 들리지 않네요", "어렸을 때에는 나보다 훨씬 잘하는 친구였는데 학년이 올라가면서 점점 못하더라구요." 라며 옛 친구들을 떠올리는 이도 있을 것이다. 가네 모형은 이와 같은 궁금증에 대해서 다음과 같이 설명한다. 어릴 적에 영재성은 있었지만 성인이 되었을 때 재능으로 계발되지 못했다는 것이다.

곰곰이 생각해보면 정말로 그런 것 같다. 우리 주변에는 어린 시기에 남들보다 분명히 뛰어났지만 성장하면서 소리소문없이 사라져버리는 영재가 너무 많다. 가네는 영재성을 재능의 씨앗인 계발되지 않은 잠재성으로 인식하고, 잠재성이 계발되고 궁극적으로 실현되어 우리의 삶과 사회에 지대한 영향을 미치는 탁월성을 재능으로 구분함으로써 영재성과 재능이 같은 것인지 또는 다른 것인지 궁금해하는 많은 사람들의 의구심을 풀어주었다. 뿐만 아니라 영재성의 발달 가능성, 교육과 훈련의 필요성, 재능으로의 성장 가능성 등을 제시함으로써 영재성 계발의 필요성을 다시금 상기시켜 주었다.

영재성에 대한 이해를 도모하기 위해서 영재교육학계에서 가장 많이 이야기되고 있는 이론적 모형과 부모들이 궁금해하는 영재성과 창의성 그리고 재능과의 차이점에 대해서 살펴보았다. 렌쥴리의 세고리 모형은 필자가 미국 유학 당시 박사과정 학생일 때 가장 먼저 이론적으로 배운 모형인데 당시 강의를 담당하셨던 교수님이 렌쥴리 박사가 얼마나 대단한 학자인지 열정적으로 말씀하셨던 기억이 지금도 생생하다. 몇 개의 영재성 관련 이론모형들을 배우고 난 뒤 수업의 첫 번째 과제는 그동안 배웠던 것들 중에서 가장 마음에 드는 모형을 한 가지 선택하여 그것의 이유를 쓰라는 것이었다. 얼마나 단순하고 간단한 과제인가? 그러나 이와 같은 과제에는 함정이 있다. 선호하는 이론적 모형을 설명하라는 것이 아니라 비판적으로 그것의 강점과 약점들을 논리적으로 기술하라는 것이니 첫 학기 첫 영어 수업에서의 첫 번째 과제로는 그리 만만하지 않은 것이었다. 결론부터 말하자면, 필자는 랜쥴리 모형을 선택하지 않았다. 이유는 내 나름대로의 기준으로 봤을 때 너무 유연하고 개방적인 관점으로 영재성을 정의하고 있어서 영재성은 보다 특별한 것이라고 믿었던 필자에게 이론적으로나 실제적으로 설득력이 있지도 않았고 매력적으로 다가오지도 않았다. 그러나 같이 수업을 들었던 열댓 명의 학생들의 절반 이상이 렌쥴리 모형을 선택하였다. 필자의 동료들은 렌쥴리가 제안한 유연하고 관대한 영재성 이야기에 대한 강한 지지를 피력하면서 일반 공교육 현장에서 가장 선호할 모형으로 세고리 모형을 꼽기도 하였다.

당시 필자는 교직에 한번도 종사해보지 않았던 몇 안되는 전업 박사과정 학생이었다. 필자처럼 박사과정 입학 때까지 줄곧 학생의 신분으로 있었던 친구들은 2~3명 정도였던 것으로 기억한다. 미국인 친구로 조기 졸업과 월반을 거듭하여 21세(물론 미국 나이이기에 우리나라 나이로 하면 22~23세는 될 것이다)에 박사과정에 진학한 크리스티, 대만에서 온 유학생으로 계속 공부만 해왔던 진쩡, 그리고 영국에서 공부하고 온 남아공 출신의 줄리안 등이었는데 그 후로도 같이 수업을 듣는 경우가 많아서 수업 시간에 가장 나이 어린 학생은 크리스티였고 그 다음이 언제나 필자였다. 영재성 모형을 배울 때 필자는 명확하고 논리적이며 차별적인 특성을 가지고 있는 모형을 좋아했다. "영재성은 무엇이다"라고 설명할 수 있고 수치로 드러날 수 있는 수준과 능력에 대한 정보(예: IQ160, 100점, 상위 1%), 그리고 무엇보다도 누구나 수긍할 수 있는 기준과 근거를 명확하게 제시해야 한다고 믿고 있었다. 필자가 보기에는 렌쥴리 모형은 이와는 달리 너무 느슨했고 영재성이 도대체 무엇인지에 대한 간단하고 명료한 아이디어를 제시해주지 못했다. 그러나 교사 경험이 있었던 학우들은 압도적으로 렌쥴리 모형이 학교 현장에서 가장 납득할 만하고 활용 가능한 모형으로 믿고 있었다. 조기 졸업과 입학을 반복했던 크리스티도 예외는 아니었다. 작은 과제였지만 과제를 통해서 전반적으로 동료 대학원 학생들이 렌쥴리 모형에 가장 호의적이었고 영재성에 대한 관대하고 유연한 입장을 미국의 교사들을 비롯한 교육 현장 전문가들이 공감하며 지지하고 있음을 알게 되었다.

영재교육을 공부한 지 20년이 지난 지금, 필자는 렌쥴리 모형을 어떻게 생각하고 있을까? 간단하게 말하자면, 보다 많이 이해하고 좋아하게 되었다. 영재성이 단순히 지능지수 이상의 것이 아님을 제안해서도 아니요, 창의성을 포함해서도 아니다. 렌쥴리의 영재성에 대한 인식은 이후 학자 자신이 지속적으로 연구, 개발, 적용한 교육과정과 교수법 및 교육프로그램 등에 많은 영향을 미쳤다. 나아가 창의성을 영재성의 핵심 축으로 인식한 것과 영재성의 발현이 가시적인 행동 성과로 드러나야 한다고 주장한 점 등은 렌쥴리라는 학자의 창의적이면서도 현실적인 통찰력이 잘 드러난 것이라고 생각한다.

렌쥴리는 인지능력이 중요하지 않다고 주장하지 않았다. 이 부분에 대해서 잘못 이해하고 있는 사람들이 많이 있는데 그는 인지능력 외에도 창의성과 과제 수행능력이 동일하게 필요하고 중요하다고 주장하였다. 이와 함께 최근에 개정된 세고리 모형은 개인을 둘러싼 환경과의 상호작용의 필요성을 강조하면서 환경과의 효율적인 상호작용을 가능하게 하는 개인의 심리사회적 특성들을 영재성 모형 속에 포함하였다. 어디 그 뿐인가? 렌쥴리의 교육과정 및 교수법 그리고 영재들을 위한 교육프로그램들은 학습영재를 배제하지 않는다. 또래 친구들에 비해서 학업능력이 뛰어난 학생들을 우선적으로 선발하여 교육하지만 이외에도 다양한 방식으로 학업능력 외의 재능을 가지고 있는 학생들을 수행평가 및 추천 등의 방식으로 선발하여 영재교육을 받을 수 있는 기회를 제공해야 한다는 것이 렌쥴리의 영재성과 영재교육에 대한 생각이었다. 뿐만 아니라 모든 학생들에게 적용 및 활용 가능한 심화학습모형을 제시하면서 심화학습 수준을 학생들의 능력에 따라 차등을 두어 구분하였고, (진정한) 영재만이 가장 높은 수준의 심화학습(예: 자기주도 프로젝트 학습)이 가능하다고 주장하였다.

렌쥴리 모형은 간단하고 명료하지만 그것이 내포하고 있는 메시지와 이에 기반한 교육내용과 방법 등은 그리 간단하지만은 않다. 진보적이면서도 보수적이고, 유연하면서도 선택적이며, 관대하면서도 제한적이다. 렌쥴리 모형이 교육자, 행정가 등 현장 실무자들에게 호감을 주는 이유는 모형의 기본적인 가정이 진보적이고 유연하며 관대한 관점에서 영재성을 인식하는 데에서 출발했기 때문이다. 동시에 모형이 영재교육학자나 연구자들에게 지지를 받는 이유는 개인의 개별적이면서도 차별적인 특성들을 간과하지 않았을 뿐만 아니라 동시에 보수적이고 선택적이며 제한적인 영재성의 속성을 버리지 않았기 때문이다. 여전히 미국을 비롯한 세계 영재교육학계에 중대한 영향을 미치는 렌쥴리의 영재성에 대한 생각과 연구들을 이해하는 과정을 통해서 필자의 영재성에 대한 생각과 믿음이 조금씩 견고하게 자리잡아 가고 있음을 느꼈다. 렌쥴리 모형의 심플함과 동시에 내재된 복잡성은 그가 왜 대표적인 영재교육학자로 자리매김할 수 있는지에 대한 궁금증을 조금이나마 풀어주었던 것 같다.

II

영재성 계발 바로 알기

우리 아이도 영재로 키울 수 있다

1. 가정에서 먼저 발견하고 키워보는 영재성

가정에서 아동의 영재성 발견과 계발에 중추적인 역할을 담당하는 사람은 당연히 부모다. 영재성 계발 과정 중에는 단계나 시기별로 중요한 역할을 하는 사람들이 등장한다. 일반적으로 영재성 계발의 첫 번째 단계를 학령기 이전 시기로 규정하는데 이 시기에 가장 중요한 사람은 바로 부모다. 부모는 아동의 인지, 정서 및 사회성 발달에 지대한 영향을 미칠 뿐만 아니라 영재성을 가장 먼저 발견하고 계발을 선도하는 안내자이자 촉진자이기도 하다. 학령기 이전 아동이 가장 많은 시간을 보내는 곳은 가정이며 가장 많은 상호작용을 하는 대상도 부모다. 물론 오늘날 여성들이 육아와 일을 동시에 하는 경우가 많아서 예전처럼 자녀교육을 가정에서 어머니가 전담하고 있지는 않다. 그럼에도 불구하고 자녀교육에서 부모의 관여와 영향력을 이야기할 때 어머니가 그 중심에 있는 것은 여전한 사실이다.

영재교육학자들은 부모, 대부분 어머니가 아동의 영재성을 처음으로 발견하는 사람이라는 데 이견이 없다. 아동의 영재성이 어릴 때 가정이라는 울타리 속에서 대부분의 시간을 보낼 때 드러나는 것이라면 부모의 역할은 더욱더 중요하지 않을 수 없다. 그러나 실제적으로 영재성이 어린 시기에 확연히 드러나는 경우는 모차르트와 같은 신동이 아니라면 거의 없고 불가능하다. 여기에서 잠시 신동의 개념을 살펴보기로 하자. 신동(神童, prodigy)의 사전적인 의미는 "재주와 슬기가 남달리 특출한 아이"(네이버 국어사전, 2019)이다. 신동이라는 단어를 살펴보면 그것의 의미를 이해하는 것이 어렵지 않다. 일상적으로 "남다르다"라는 말을 쓰는 경우가 많이 있다. 가령, 또래와 비교했을 때 신으로부터 부여받은 것과 같은 출중한 능력과 재능을 보이는 경우 남다르다고 말하며 이와 같이 남다른 아동을 우리는 신동이라고 부른다. 신동 연구를 많이 수행한 펠드먼(D. Feldman)은 신동을 "훈련을 많이 받은 어른 수준의 수행능력을 보이는 10세 이전의 뛰어난 아동"으로 정의하였다. 그러나 아쉽게도 영재교육에서 신동에 관한 연구는 거의 없다. 그것의 첫 번째 이유는 신동이 많지 않기 때문이다. 신동은 어린 아이임에도 어른과 같은 뛰어난 수행과 능력을 보이기 때문에 또래 친구들과는 구분되는 탁월성을 가지고 있다. 그러나 신동이 아동이 아닌 어른이라면, 동일한 기준을 적용했을 때 과연 남다른 출중함을 가지고 있다고 칭송을 받을 수 있을까? 필자의 답은 "아니다"이지만 신동으로 불릴 수 있는 아동의 수가 너무 적고 필자 스스로도 신동을 만난 적이 없어서 일단 단언하기를 잠정적으로 보류하기로 한다.

가정에서 부모는 신동을 발굴하는 것이 아니라 아직은 보여지지 않는 아동의 잠재적인 영재성을 인식, 관찰, 발견하고 이를 계발하기 위한 안내자 역할을 담당한다. 그렇다면 가정에서 부모가 특별히 관심을 가지고 살펴보고 주의를 기울여야 하는 것은 무엇이 있을까? 아동의 영재성 발견과 계발에 도움이 되는 가정환경이란 무엇인가? 가정에서의 영재성 발견과 계발을 촉진하는 요인들은 무엇인가? 이제부터 이에 대한 이야기를 하나씩 풀어보도록 하자.

1.1 부모의 꿈 vs. 아이의 꿈

부모가 자녀의 영재성 발견과 계발에 중추적인 역할을 하기 위해서 먼저 영재성 계발에 부정적인 영향을 미치는 부모의 행동을 이해하는 것이 필요하다. 자녀가 영재성을 가지고 있다고 생각하거나 혹시 영재가 아닌가 생각하는 부모라면 당연히 높은 기대감을 가지고 자녀의 행동을 꼼꼼히 살펴보고 자녀교육에 적극적으로 관여하고 싶을 것이다. 이 때 중요한 것은 부모의 기대수준이다. 부모가 자녀의 능력과 재능을 긍정적으로 인식하고 향후 발전 가능성을 높이 평가하면서 그것의 계발에 관심을 가지고 노력하는 것은 분명히 좋은 일이다. 자녀가 부모와 눈을 마주치기 시작할 때, 미소를 짓기 시작할 때, 걷기 시작할 때, 옹알이를 시작할 때, "엄마, 아빠"라고 부르기 시작할 때, 그림을 그리고 글씨를 쓰기 시작할 때, 부모는 종종 "우리 아이가 천재다"라며 기뻐한다. 그만큼 자녀가 부모에게 보여주는 첫 번째 행동은 부모에게는 영재성 그 이상이다. 이렇듯 자녀가 보이는 행동 하나하나, 특히 날마다 발전하는 행동들이 부모로 하여금 자녀의 적성과 능력 및 재능에 대한 기대감을 높여주는 것은 자명하고도 자연스러운 일이다. 문제는 자녀에 대한 기대감이 자녀가 보이는 특성과 잠재성에 대한 올바른 이해에서 비롯되었는가 하는 점이다.

부모의 기대는 자녀교육에 대한 직·간접적인 관여 정도를 결정하기에 자녀의 영재성 계발에 중요하고도 지속적인 영향을 미친다. 자녀에 대한 기대가 아동 자신의 관심과 요구 및 잠재성에 기반한 것이라면 부모는 자녀가 좋아하고 잘할 수 있는 것이 무엇인지 자녀와 함께 이를 적극적으로 찾아내고 성장시키기 위한 물리적, 재정적, 정서적 지지와 지원을 마다하지 않을 것이다. 부모는 자녀의 영재성을 발견해내는 첫 번째로 유의미한 사람이자 자녀로 하여금 영재성 계발에의 여정으로 입문하도록 독려하는 문지기 역할을 담당한다. 유의미한 영재성 발견자이자 영재성 계발 입문을 위한 안내자가 되기 위해서 부모는 자녀의 특성, 특히 자녀의 관심 분야와 재능을 보이는 영역이 일치하는지 여부와 자신이 자녀가 진정으로 원하는 것을 하게 하는지 등을 반드시 객관적으로 살펴보아야 한다. 혹시 부모가 기대하는 자녀의 모습을 그려보면서 자녀의 의지와는 무관하게 부모의 관심 영역으로 자녀를 입문하게 하는 것은 아닌지 진지하게 생각해봐야 한다. 다시 말하건대, 부모는 자신이 이루지 못한 꿈을 위해서 자녀의 뜻과는 상관없이 무의식적으로 특정 영역으로의 입문을 통한 영재성 계발을 유도하는 것인지에 대해서 냉정하게 생각해보고 판단해야 할 것이다.

　영재의 특징 중의 하나는 자신의 강점과 약점을 잘 알고 자신이 하고 싶은 일을 찾으면 극도로 집중하고 몰입하여 일을 수행한다는 것이다. 따라서 자신이 하기 싫은 일을 자신의 의지와 상관없이 하게 되는 경우, 지루함과 따분함, 불편함 등을 느끼고 회피와 저항 행동을 통해서 부모에게 반감을 표출할 수 있다. 이는 의심의 여지없이 영재성 계발에 부정적인 영향을 미친다. 특히 10대 사춘기에 자아정체성이 형성되어가는 청소년 영재들은 자신이 좋아하는 것에 대한 확신을 가지게 된다. 이 때 자신의 의지와는 무관한 일을 하고 있는 자신을 발견하게 되면 부모가 하라는 대로 열심히 했던 기존의 모습과는 아주 다르게 의욕을 상실한 무기력한 모습을 보이거나 중도에 그만두고 방황하는 반항적인 모습을 보일 수 있다. 2011년 오스카상 여우주연상 수상작인 "블랙 스완(the black swan)"이라는 영화에서 여주인공인 발레리나 니나(나탈리 포트만 분)는 어머니의 못다 이룬 꿈인 뉴욕 발레단의 프리마돈다의 자리에 한 걸음씩 도달해갔다. 그러나 영화는 그녀의 정신적 불안정과 망상적 질환의 근원이 어머니의 발레에 대한 극도의 집착과 딸인 니나의 성취를 통한 대리 만족에 있음을 여실히 보여주었다. 많은 부모들이 "모범생이었던 우리 아이가 사춘기에 접어들면서 달라졌다"거나 "착했던 우리 아이가 갑자기 반항하면서 열심히 하지 않는다"고 한숨 지으며 가슴 아파하는 경우가 있다. 혹시 자녀가 변한 것이 아니라 자녀와 자녀의 재능을 잘 몰랐던 부모 자신의 문제가 아닌지, 그리고 자녀에 대한 과도한 욕심과 기대에서 비롯된 것은 아닐지 한번 되돌아보면 어떨까?

1.2 동지(同志)이고 같은 편인 부모

영재성 계발과 관련해서 부모가 주의를 기울여야 하는 또 다른 한 가지는 아버지와 어머니가 자녀에게 한 목소리로 일관된 메시지를 보내야 한다는 것이다. 이는 자녀교육에서도 마찬가지다. 아동이 자신의 의견에 동조하고 자신이 원하는 것을 들어주는 부모를 편하게 생각하고 잘 따르는 것은 너무나 자연스러운 일이다. 앞서 영재성을 설명하는 이론적 모형들에 의하면, 영재성은 다수의 요인들로 구성되어 있다. 그만큼 복수의 개인적, 사회적, 상황적 요인들이 영재성을 이루고 있고 이것이 꽃을 피워 개인적, 사회적으로 유용한 재능이 되려면 지속적인 노력과 헌신이 필요하다. 이처럼 영재성 계발 과정에서 아동은 부모에게 많은 부분을 의지하게 되는데, 특히 어린 시기 아동에게 가장 영향력이 있는 부모의 말과 행동은 유아기, 아동기를 지나 영재성 계발 전 과정에서 매우 중요하다. 이 때 잊지 말아야 할 것은 부모가 동일한 메시지로 아동을 격려하고 훈육해야 한다는 것이다.

'영재성 계발에는 아동에게 최대한 자율성을 보장하고 아동의 의사를 존중하는 것이 제일 중요하다'고 생각하는 부모들 중 자녀가 원하는 대로 모든 것을 수용하고, 하고 싶은 것이 있으면 어떠한 것이라도 제재없이 허용하는 일명 "허용적인" 부모가 있다. 물론 아동을 존중하고 아동의 선택과 자율성을 보장하는 것은 영재성 계발에서 매우 중요하지만 때로는 이와 같은 맹목적인 허용은 책임이 뒤따르지 않는 방종으로 끝날 수 있다. 부모가 상반된 메시지를 자녀에게 보낼 때 대부분 "자율과 통제"라는 극단적인 양육 방식이 대립하게 된다. 가령, 아버지는 자녀가 원하는 대로 최대한 자율과 수용을 허용하는 반면, 어머니는 이에 대한 반론을 제기하면서 자녀를 통제할 수 있다. 부모의 상반되는 양육 방식은 자녀의 성별에 따라서 달라지기도 한다. 아버지는 아들에게 보다 엄격한 반면 딸에게는 허용적일 수 있고, 어머니는 이와는 반대의 성향을 보일 수 있다. 부모의 양육 및 자녀교육 방식에서 정답이란 없다. 그러나 자녀교육, 특히 영재성 계발에서 중요한 것은 부모가 동일한 메시지로 자녀의 재능을 알아봐주고, 소중하게 생각해주고, 키워줄 수 있도록 아낌없는 지원과 지지를 일관성 있게 지속적으로 해주는 것이다.

영재 자녀는 똑똑하다. 그러나 여전히 어린 아동임을 잊어서는 안된다. 부모는 가정에서는 한편이어야 한다. 자녀의 영재성을 발견하고 키우는데 함께 같은 목소리를 내면서 자녀를 따뜻하게 다독이고 격려하고 따끔하게 훈육하면서 자신이 원하는 영재성 계발의 길에 들어갈 수 있도록 도와줘야 한다. 자녀가 원하는 것을 다 들어주기만 하는 지극히 허용적인 부모는 영재성 계발에 오히려 해가 될 수 있음을 잊지 말자.

1.3 가정 분위기와 가족 간의 공감과 소통

부모 역할 못지 않게 중요한 것은 가정환경이다. 아동의 영재성이 가장 먼저 발견되는 곳은 일반적으로 가정이다. 아동의 영재성 발견과 계발에 도움이 되는 가정환경요인들이 무엇인지 살펴보기로 하자. 무엇보다도 가정의 분위기가 경직되지 않고 가족 구성원들이 자유롭게 의사표현과 소통할 수 있을 때 부모는 자녀가 무엇에 관심이 있고 무엇을 좋아하고 또한 하고 싶어 하는지 잘 알게 된다. 자녀 또한 위화감을 느끼지 않고 부모와 편안하게 자신의 관심사에 대해서 말하고 고민을 나눌 수 있을 때, 부모는 자녀에게 무한정의 사랑을 나눠주고 돌봐주는 정신적인 지주를 넘어 진정한 의미의 영재성 발견자이자 영재성 계발의 여정에서 반드시 필요한 도우미가 될 수 있다.

수직적인 위계질서와 만연된 권위의식 때문에 부모와 자녀 사이에 대화가 부족하거나 단절되는 경우, 서로를 이해하기가 더욱더 어려워진다. 각자가 무엇을 원하는지 그리고 무엇이 필요한지 알지 못하게 되면 아동의 영재성은 드러나지 못한 채 묻혀버리게 된다. 이처럼 공감과 소통, 이해가 전제되지 않는 가정 구성원들 간의 관계는 아동의 영재성 발견과 계발에 도움이 되지 않을 뿐만 아니라 잠재적인 영재성이 싹을 피울 수 있는 기회조차 잃어버리게 할 수 있다.

1.4 가정의 중심에 있어서는 안되는 영재

가정에 영재 자녀가 있는 경우, 영재 자녀는 한 가정의 중심에 있을 수 있다. 가족들의 식사, 여가 및 TV를 보는 시간 등이 영

재 아동의 공부와 학원가는 시간 등에 맞춰지기 십상이고, 영재 아동의 말과 행동 하나하나에 온 가족 구성원들이 주의를 기울이고 민감하게 반응한다. 영재 아동은 집안 전체를 축제 또는 우울한 분위기로 만들 수도 있다. 그만큼 영재 아동이 가정 내 역학 관계에서 매우 중요한 존재가 되어버린다는 것이다. 여기에서 부모는 특정한 자녀가 가정의 중심에 있게 되었을 때 그렇지 않은 다른 자녀(들)의 소외감 및 좌절 경험과 이로 인한 부작용을 간과해서는 안된다.

오늘날 한 자녀 가정이 많다. 그러나 두 자녀 이상을 두고 있는 가정에서 부모는 형제, 자매 간의 경쟁 의식과 이에 따른 부작용이 언제든 발생할 수 있음을 잊어서는 안된다. 특히 형제, 자매 중 한 명이 영재 아동으로 가족의 인정을 받게 되

면 다른 자녀는 똑같이 동일한 수준의 영재로 관심의 대상이
되지 않는 한 가정 내에서 비영재 자녀가 되어버린다. 비영재
자녀는 영재 형제/자매와의 지속적인 비교를 통해서 상대적
으로 자존감이 낮아지고 가정에서 소외감과 열등감을 느낄
수 있다. 뿐만 아니라 한 명의 자녀가 대세인 오늘날, 가정에
서 유일무이한 자녀가 영재로 인정을 받게 되면 가정은 더욱
더 영재 자녀 중심으로 운영될 수밖에 없는 것이 사실이다.
다시 말하건대, 부모는 영재 자녀도 어린 아동임을 잊어서는
안된다.

  가정생활이 자녀 중심이 되는 것은 어찌 보면 당연한 일일 것
이다. 그리고 누구나 경험하는 가정생활이기도 하다. 그러나 가
정생활과 가족의 관심 대상이 특정한 한 자녀에게로 집중되면
관심과 기대의 대상이 되는 아동에게 커다란 심리적 부담과 압
박감을 가져다 줄 뿐만 아니라 아동기에 겪게 되는 실수, 실패,
좌절의 경험으로부터 스스로 배우고 극복할 수 있는 기회를 박
탈할 수 있다. 왜냐하면 영재 자녀는 가정에서 가장 중요한 구성
원이 되었기에 실수나 실패를 해서는 안되고 다른 가족 구성원들
에게 좌절감을 주어서도 안되기 때문이다. 이렇게 아동이 느끼게
되면 어린 시기 통상 경험하게 되는 실수와 실패로부터의 좌절 경
험 그리고 이를 극복하는 학습과 인내의 과정을 잃어버리게 된다.

영재 자녀 외의 다른 자녀(들)의 경우, 자신의 영재성을 발견하고 계발할 수 있는 기회조차 얻지 못하게 된다. 역사적으로 그리고 국내외 많은 사례들을 통해서 영재를 형제나 자매로 두었기에 부모의 관심과 집중적인 돌봄의 대상으로부터 벗어나 자신의 재능을 포기한 채 다른 삶을 살았던 비운의 잠재적인 영재들이 많다. 가까이는 기사를 통해서 탁월한 성취를 이룬 운동선수나 예술가들의 뒤에 헌신적인 부모와 함께 자신의 꿈은 접고 자신보다는 뛰어나다고 인정받는 언니, 형, 누나, 동생 등의 성취를 묵묵히 지켜봐야 했던 영재들의 형제, 자매 이야기들을 종종 접하게 된다. 부모는 재능이 탁월한 자녀가 있을 때, 그 자녀를 집중적으로 지원하고 소위 말하는 뒷바라지를 할 수밖에 없다. 물리적, 경제적, 시간적, 정서적으로 자녀 모두를 동일하게 지원하는 것은 현실적으로 힘들다. 뿐만 아니라 모든 자녀의 영재성이 보여지고 드러날 때까지 마냥 기다릴 수 없기에 영재성이 빨리 보여지는 자녀에 대한 지원부터 시작할 수밖에 없다. 특히 자녀들이 동일한 분야에서 비슷한 재능을 보이는 경우, 부모는 지금 현재를 기준으로 보다 뛰어난 재능과 기량을 보이고 있는 소위 "떡잎부터 더 달라 보이는" 한 자녀에게 관심과 지원을 집중하게 된다.

마리아 안나 모차르트(누나)(좌), 볼프강 아마데우스 모차르트(중앙),
레오폴트 모차르트(아버지)(우)

영재성 계발의 과정은 멀고 오래 걸린다. 현재 두드러지게 보여지는 한 자녀의 영재성 때문에 조금 후에 계발될 수 있는 다른 자녀의 영재성 계발을 놓치게 되면 부모로서 그리고 그 자녀에게도 얼마나 안타까운 일인가! 신동 모차르트의 누나 난넬(마리아 안나 모차르트)이 바이올린을 연주하는 동생 옆에서 피아노 반주를 하는 모습이 왜 자꾸 안타까운 마음으로 떠오르는 것일까?

1.5 가정에서의 책 읽기 습관

가정에서 자녀가 어릴 때부터 습관적으로 기를 수 있는 영재성 계발 방안에 대해서 이야기해보자. 필자가 가장 많이 받는 질문들 중의 하나인 "우리 아이를 영재로 키우기 위해 어떻게 해야 되나요?"에 대해서 영재로 키우려면 어떻게 해야 하는지는 몰라도 역사적으로 우리 사회에 커다란 영향을 미친 저명인들에게서 공통적으로 나타나는 습관과 행동에 대한 이야기로 답을 대신하고 싶다. 두말할 것 없이 첫 번째로 꼽는 것은 바로 책 읽기다.

책 읽기를 좋아하는 것은 많은 영재에게서 나타나는 가장 두드러진 공통점이었다. 영어로 "voracious"라는 단어가 있는데 "열렬히 탐한다"라는 의미를 가지고 있다. 음식과 관련해서 언급할 때에는 "게걸스럽게 먹다"라는 뜻으로 해석이 되는데 영재를 지칭하는 단어 중의 하나는 바로 "a voracious reader"이다. 책을 열렬히 탐하면서 읽는 지독한 독서광이라는 뜻이다. 책 읽기의 중요성은 아무리 강조해도 모자를 정도로 영재성 계발에서 빼놓을 수 없는 중대한 과제이자 습관, 어쩌면 생활의 일부라고 해도 과언이 아니다. 오늘날 자신의 영역에서 전문가를 넘어 저명인으로 성장하여 세계적으로 선한 영향력을 행사하고 있는 빌 게이츠(마이크로소프트사 설립자, 기업인), 오프라 윈프리(방송인, 배우), 워런 버핏(기업인, 투자가), 김용(前 세계은행 총재, 의사)부터 작고한 스티브 잡스(前 애플 설립자, 기업인), 대문호 셰익스피어, 괴테, 아인슈타인(과학자), 데카르트(철학자) 등 위인들의 공통점은 열렬한 독서광이었다는 것이다. 이들은 책을 통해서 지식을 쌓았을 뿐만

아니라 학교에서 배울 수 없는 삶에서의 지혜와 다양한 경험을 얻었고, 상상의 나래를 마음껏 펼침으로써 현실에서 이루기 힘든 일들을 책을 통해서 달성해보기도 하였다. 어렵고 힘들었던 시절 정서적으로 공감과 위로를 찾았던 것도 바로 책을 통해서였다. 책은 지식과 경험뿐만 아니라 의지, 열정, 창의성, 공감, 위로, 회복탄력성, 지혜 등 영재성 계발에 필요한 많은 개인적, 사회적, 환경적 요인들을 제공해주었다.

중요한 것은 책 읽기가 습관화되어야 한다는 것이다. 습관으로서의 책 읽기가 가능하려면 아동이 어릴 때부터 집에서 책을 읽는 것에 익숙해져야 한다. 영재들의 가정환경에 대한 문헌들을 보면 이들의 집이 다양한 책들로 가득 차 있었던 것으로 묘사된다. 가정의 재정적인 상황이 넉넉하지 않아도 부모는 자녀가 마음껏 책을 읽을 수 있도록 집안 곳곳을 책으로 가득 채워줬고, 자녀가 잠들기 전 함께 책을 읽으면서 시간을 보냈다고 한다. 책을 통해서 아동은 궁금증이 생겨나고 호기심이 발동하며 상상의 시간이 주어지면서 주인공이 되어 보기도 하고 줄거리를 나름대로 만들어 보기도 한다. 주인공과 교감 형성을 통해서 정서적,

심리적으로 성숙해지고 다른 사람들의 마음과 생각을 이해하게 될 뿐만 아니라 책의 결말에 이르게 되면 지혜와 교훈을 쌓게 된다. 어린 시절 책 읽기는 특히 생각이 많고 정서적으로 예민한 영재에게 간접적인 경험의 파노라마를 제공하고 축적시킴으로써 이후 자신의 영재성 계발을 위한 지식과 지혜의 초석이 된다.

영재의 부모도 책 읽기를 좋아하는 경향이 있다. 집안이 책으로 가득 찰 수 있는 것도, 아이와 책 읽기를 함께 할 수 있는 것도 부모 자신이 책 읽기를 좋아하기 때문에 가능하다. "태교(胎敎)할 때부터 책을 읽어줘야 하나요?"라고 묻는 부모들도 종종 있다. 책을 좋아하는 경우, 태교라고 특별히 의식하지 않고 책을 읽으면 좋겠지만 아이가 태어나서 책을 읽기 시작하기 전에도 책에 미리 많이 노출되어 있으면 아이에게 좋은 자극이 되는 것은 틀림없다. 집에 책이 많아서 어릴 때부터 책을 보는 아이, 부모가 집에서 책 읽는 모습을 많이 보면서 "나도 책을 읽어야겠다"고 마음먹는 아이, 부모와 함께 서점에 가서 좋아하는 책을 고르는 아이, 요즘은 인터넷으로 책을 주문하기 때문에 부모와 함께 인터넷으로 책 구경을 하는 아이, 가정에서의 대화에 책 이야기를 빼놓지 않는 아이의 모습 등은 영재로 성장한 사람들의 어린 시절과 중첩되어 그려진다. 어릴 때 가정에서의 책 읽기 습관은 부모의 노력에서 비롯된다고 해도 과언이 아니다. 더욱이 오늘날 어릴 때부터 인터넷과 휴대폰에 노출되어 익숙해져 있는 우리 아이들에게 책 읽기, 특히 생활 속에서 체화(滯貨)된 책 읽기 습관은 가정에서 시작하는 아동의 영재성 계발에서 가장 중요한 과제라고 아무리 강조해도 지나치지 않다.

1.6 어린 시절의 경험과 놀이

"어릴 때 경험이 여든까지 간다"는 말이 있다. 이제는 100세까지 간다라고 고쳐야 하겠지만 그만큼 어린 시절 다양한 경험들이 성인기 이후 노년기 삶까지 토양과 뿌리가 되어 삶의 방향과 가치관 그리고 목표 달성에 지대한 영향을 미친다는 선대 어른들의 지혜가 묻어있는 말씀이다. 100세 시대에 맞게 어린 시절부터 평생 동안 끊임없이 배우고 훈련 받고 경험하는 것은 영재성 계발에서 중요하다. 그 중에서도 어린 시절 기억에 강하게 남는 소위 임팩트(impact)있는 의미 있는 경험을 가지고 있는 것은 개인의 삶에서 그리고 영재성 계발에서 기나긴 여운과 함께 지속적으로 인생에 중대한 영향을 미칠 수 있다.

영재들의 삶을 분석한 여러 연구들에 의하면, 영재들의 어린 시기는 공부와 학습보다 놀이와 다양한 활동으로 채워져 있다. 고르첼(T. G. Goertzel)과 한센(A. M. W. Hansen, 2004)은 예술, 문학, 정치, 연기, 운동, 언론, 법학, 군대, 정치, 인문, 과학, 수학, 작문 등 다양한 분야에서 활발하게 활동했거나 현재도 활동하고 있는 700명 이상의 저명인들의 어린 시절의 삶을 분석하였다. 이를 바탕으로 저술한 책(원제 「Cradles of Eminence」)에서 저자들은 학교에서 받은 형식적인 교육보다 집이나 학교 밖에서의 놀이, 여가 및 교외 활동이 아동의 창의성을 증진시켰고, 통제와 억압이 아닌 개인적 책임과 자율을 강조하는 상황과 환경이 아동으로 하여금 자신의 관심사를 찾아내고 꿈을 키워나갈 수 있게 했다고 보고하였다.

흥미로운 사실은 책에 나오는 창의적인 저명인들의 대다수가 우리가 흔히 알고 있는 전형적인 학교 모범생으로 학창 시절을 보내지 않았다는 것이다. 이들은 학교와 선생님을 싫어했고, 가정 환경도 재정적으로 열악했으며 알코올 중독에 빠진 아버지를 두었거나 한부모 가정에서 성장하는 등 다사다난한 가정사와 불우한 가정환경, 그리고 학교와 선생님에 대한 반감을 가지고 있었다. 그럼에도 불구하고 배움과 성취에 가치를 둔 부모를 두었다는 공통점이 있었다. 이외에도 미국에서 수행된 창의적인 업적을 이룬 성취한 사람들에 대한 연구들(Albert, 1983; Goertzel & Goertzel, 1962; Piirto, 1998)에 의하면, 성취인들의 대다수는 이민자였다. 이민자들은 한 곳에 정착하지 않고 여러 곳을 돌아다니면서 다른 사람들을 만나고 다양한 문화를 경험하면서 자신의 꿈을 키우고 이를 이루기 위해서 부단히 노력해야만 했다. 이들

에게 보다 나은 삶을 위한 성취는 생존과도 같았기에 새로운 환경에 적응하기 위해서 낯선 사람들과 교류하고 이국적인 경험에 대한 개방적인 사고를 가져야만 했다. 이를 기반으로 전통적인 방식으로 보지 못했던 것들을 생각해내고 찾아내며 만들어낼 수밖에 없었다는 것이 연구의 일관된 결론이었다.

필자가 2017년에 수행했던 세계적으로 인정받는 성공한 국내 건축가 10인의 창의적 아이디어 생성과 건축물에 대한 연구에서도 건축가들은 모두 어린 시절 마음껏 뛰어놀았던 경험, 가족, 친척, 지인들과 함께 관람한 문화예술 공연과 전시, 그리고 다양한 곳으로의 여행 등이 창의적인 건축물을 생각해내고 만들어내는 데 도움이 되었다고 회고하였다(Lee & Lee, 2017). 재미있는 사실은 10인의 건축가들이 학교 교육의 필요성에 대해서 전적으로 부정하지는 않았지만 성인이 되어 세계적으로 인정받는 건축가로 성장하는데 대학 이전의 공교육이 그리 중요하지 않았다고 고백한 점이다. 몇몇 건축가들은 어린 시절 자연스럽게 경험한 놀이와 성인이 되어서도 습관적으로 생활 속에서 즐겼던 문화예

술 체험과 여행이 무의식적으로 자신들의 뇌리 속에 잠겨 있다
가 어느 순간 창의적인 영감이 되어 작업에 직·간접적으로 영향
을 미친다고 말하기도 하였다.

놀이, 문화예술, 여행이 구체적으로 어떠한 경로를 통해서 영
재성 계발에 영향을 미치는지는 알 수 없다. 다만, 성취를 이루
고 저명한 창의적 영재들의 삶에서 이처럼 쉼을 제공하고 유연
한 사고를 가능하게 하는 유연한 생활 경험들이 영재성 계발의
씨앗이 되었음이 반복적으로 나타났다. 영재성 계발은 이론적 모
형에서 살펴본 바와 같이 개인이 가지고 있는 특별함에 다수의
요인들이 함께 있을 때 가능하다. 이러한 요인들은 나를 넘어 타
인 및 사회, 환경과 관련된 것들이다. 놀이, 문화예술, 여행은 나
를 위한 특별함에도 무언가를 부여해주지만 나를 넘은 다른 사
람과 사회 및 환경 속에서 나의 영재성이 탐색되고 성장하고 발
현될 수 있게 하는 동력이 됨을 잊지 말자. 우리 아이의 영재성
은 이렇게 어린 시절 경험이 하나씩 축적되어 천천히 탐색되고
계발되어가는 것이다.

1.7 영재성과 장애의 공존 가능성

특별함이 두 가지 공존하는 것이 가능할까? 더구나 그 특별함
이 탁월함과 장애라고 하면 어떨까? 많은 부모들에게 다소 생소

한 이야기일 수 있다. 그러나 영재들 중에는 탁월성과 장애를 동시에 가지고 있는 경우가 있다. 이는 당연히 영재성 계발에 부정적인 영향을 미친다.

일반적으로 영재는 또래 친구들보다 뛰어나고 출중한, 소위 떡잎이 다른 학생들로 인식되어 왔기에 이들에게 장애가 있을 것으로 생각하는 사람들은 많지 않았다. 그러나 1970년대 중반부터 영재교육학자들은 이런 일이 가능하다며 관심을 가지기 시작했고, 1980년대 이후 활발한 연구와 임상 실험들을 통해서 영재성과 장애의 공존, 다시 말해서 영재가 장애를 가지고 있음에도 불구하고 이를 극복하고 영재성을 계발하고 실현할 수 있음을 밝혀냈다. 현재 미국영재학회(National Association for Gifted Children)에서 집계하여 보고한 장애를 가지고 있는 영재(성인 포함)의 비율은 10~15%로 영재가 아닌 일반인들에게서 나타나는 비율과 유사하다(Silverman, 2003). 우리가 너무나 잘 알고 있는 루드비히 반 베토벤, 스티브 잡스, 에디슨, 스티븐 호킹, 프리다 칼로, 애거사 크리스티, 알프레드 노벨, 스티비 원더, 마이클 펠프스, 우사인 볼트, 톰 크루즈, 세종대왕, 강영우 박사 등의 저명인들 모두 선천적이든 후천적이든 장애를 가지고 있었다. 그러나 이들은 장애를 극복하고 위대한 성취를 통해서 사회에 선한 영향력을 미친 위대한 영재들이다.

베토벤
(Ludwig van Beethoven, 1770-1827)

스티브 잡스
(Steve Jobs, 1955-2011)

토머스 에디슨
(Thomas Alva Edison, 1847-1931)

스티븐 호킹
(Stephen William Hawking, 1942-2018)

프리다 칼로
(Frida Kahlo, 1907-1954)

아가사 크리스티
(Agatha Christie, 1890-1976)

알프레드 노벨
(Alfred Bernhard Nobel, 1833-1896)

스티비 원더
(Stevie Wonder, 1950-)

마이클 펠프스
(Michael Phelps, 1985-)

우사인 볼트
(Usain St. Leo Bolt, 1986-)

톰 크루즈
(Tom Cruise, 1962-)

세종대왕
(1397-1450)

강영우
(1944-2012)

조금 구체적으로 살펴보면, 청각장애를 극복한 위대한 작곡가 베토벤, 시각장애가 있음에도 훈민정음을 창제하고 우리나라 역사상 가장 위대한 선군으로 기록되는 세종대왕, 시력을 상실했음에도 20세기 미국의 R&B 음악계의 거목으로 여전히 건장한 스티비 원더, 우리나라 장애인 최초로 정규 미국 유학생으로 선발되어 이후 부시 행정부 백악관 정책차관보로 활동했던 강영우 박사, 심각한 우울증과 조음장애로 인한 부정확한 발음을 부단한 발성연습으로 극복하여 영국의 위대한 정치가가 된 윈스턴 처칠, 루게릭 투병에도 불구하고 블랙홀 이론으로 세계적인 천재 물리학자로 인정받은 스티븐 호킹, 척추측만증으로 인하여 발움직임에 불편함이 있음에도 올림픽 금메달을 3연패한 총알탄 사나이 우사인 볼트, 그리고 어린 시절 난독증 진단을 받았지만 다른 사람이 읽어주는 대본을 외우면서 연기를 시작하여 전 세계적으로 팬텀을 가지고 있는 우리에게도 너무나 친숙한 미국의 톱 배우 톰 크루즈에 이르기까지 장애와 함께 삶을 살았거나 현재도 살고 있는 영재들이 무수히 많다. 이들은 모두 각고의 부단한 노력으로 장애를 극복하면서 성장하고 성취한 특별한 영재임에 틀림없다. 어디 이들뿐인가? 어린 시절 누구나 한번쯤은 읽었던 전기의 주인공 헬렌 켈러(Helen Keller)는 청각과 시각 장애 모두를 가지고 있었던 중복장애자이자 성공한 작가, 교육자, 그리고 사회주의 운동가이다.

| 영화 '뷰티풀 마인드' 포스터 | 존 내시 (John Nash, 1928-2015) | 영화 '뷰티풀 마인드' 속 존 내시(러셀 크로우 분) |

영화 이야기를 잠시 해보자. 2002년 개봉하여 오스카상 작품상을 수상한 론 하워드 감독의 뷰티풀 마인드(A Beautiful Mind)는 노벨경제학상을 수상한 미국의 수학자 존 내쉬(John Nash)의 삶을 다루었다. 뉴질랜드 출신의 호주 영화배우 러셀 크로우(Russell Crowe)가 연기한 존 내시 박사는 수십년을 조현병(schizophrenia, 이전에는 정신분열증으로 불림)으로 인한 망상과 환각, 사고 장애와 싸워야 했던 불운한 천재 수학자였다. 내시 박사는 조현병이라는 정신장애를 안고 살았지만 자신의 천재성으로 이를 극복하고 위대한 수학자이자 경제학자로 빛났던 대표적인 특수장애 영재이다.

필자가 이 영화를 특별히 기억하고 있는 것은 오스카상 남우 주연상에 빛나는 러셀 크로우의 신들린 연기가 인상 깊었던 것도 이유이지만 영화의 주인공인 내시 박사의 실제 삶을 알게 되면서 영재성과 장애라는 두 가지 특별함의 공존 가능성에 대한 관심을 더 많이 가지게 되었기 때문이다. 미국에서 박사 학위를 받은 직후 영재교육연구에 대한 열정이 누구보다도 강했던 시기였기에 영화 한 장면 한 장면을 유심히 보면서 '내시 박사처럼 장애를 극복할 만큼 천재성이 뛰어난 사람들이 얼마나 될까?', '천재성을 가지고 있는 사람들에게 극심한 장애를 극복하는 과정이 얼마나 고된 일이었을까?' 그리고 '교육은 이런 사람들에게 어떠한 역할을 하고 도움을 줄 수 있을까?' 등 여러 생각들을 했던 기억이 난다. 이후 내시 박사에 대한 다큐멘터리 DVD를 구입하여 그의 삶을 더 많이 이해하려고 했었다. 뿐만 아니라 내시 박사의 죽음은 그가 살았던 삶의 자취만큼이나 비극적이고 드라마틱했다. 2015년 5월 노르웨이에서 탁월한 수학자들에게 수여하는 the Abel Prize를 수상한 후 미국 뉴저지 집으로 돌아가는 중 (필자도 여러 번 이용했던) 미국 뉴저지 주 턴파이크 당국이 관리하는 출입 통제 고속도로(일명 "뉴저지 턴파이크", the New Zersey Thurnpike)에서 택시 전복 사고로 부인과 함께 세상을 떠났다. 천재적 수학자의 파란만장한 삶과 죽음에 대해서 되뇌이던 기억이 아직도 생생하다. 삶 자체가 특별하게 무수한 어려움을 극복하는 과정이었음에도 죽음은 왜 이렇게 지독히 무기력하고 비극적이어야만 하는가?

이처럼 영재성과 장애가 공존하는 현상을 설명할 때 영재교육 학자들은 영재성과 장애를 두 개의 특별함으로 지칭하면서 이중 특별함(twice exceptionalities), 약자로는 2E라고 부른다. 2E를 보이고 사람들의 경우, "장애영재(gifted handicapped population)"라고 불리기도 하지만 장애가 부각되기보다 이들이 가지고 있고 예외적인 영재성과 재능을 보다 강조하는 의미에서 특별한 어려움을 가지고 있는 영재(gifted individuals with difficulties)라고 부를 것을 영재교육 학자들은 권장하고 있다. 2E를 보이는 사람들에게 영재성 계발은 그것의 판별 과정에서부터 쉽지 않다. 특히 물리적, 신체적 장애를 가지고 있는 어린 아동의 경우, 자신의 특별한 강점인 영재성을 발견하고 계발하기란 너무나 힘들다. 왜냐하면 장애가 어린 아동의 잠재적인 영재성을 가림으로써 영재성 자체를 드러나지 못하게 하고 결과적으로 계발의 기회조차 차단시키기 때문이다. 역으로 생각하면 영재성을 가지고 있는 장애 아동의 경우, 영재성이 장애를 가림으로써 장애를 완화시키고 보완할 수 있는 임상적, 교육적 혜택의 기회를 놓치게 한다. 따라서 2E를 가지고 있는 아동을 찾기란 예나 지금이나 현실적으로 쉬운 일이 아니다. 대부분의 2E 사람들은 성인이 되고 나서야 비로서 2E로 진단되곤 한다. 성인이 되어 자신이 경험했던 어려움과 장애를 반추해보고 장애가 있음을 의심해보면서 진단을 받는 경우가 많기 때문이다. 신체적, 물리적 장애를 보인 경우를 제외하고 다수의 2E 사람들은 학교에서 환영 받지 못하고 동료 친구들에게 이상하게 보이며 말썽을 피우는 문제 학생들로 낙인되어 힘겨운 학창 시절을 보낸다. 그러나 이들이 남들이 생각하지 못하는 현상을 발견하고 독창적으로 사고할 수 있는 매우 창의적인 사람들임을 그 누가 알았겠는가?

2E 사람들의 숨겨진 영재성과 장애를 어린 시절 가정에서부터 찾아내어 이 두 가지에 대한 적절한 개입과 처치를 받는다면 영재성 계발의 측면에서 가장 이상적이고 효과적일 것이다. 그러나 앞서 살펴본 바와 같이 이는 결코 쉬운 일이 아닌다. 영재성 만큼 장애의 근원과 이유를 밝히는 것은 매우 어렵기 때문에 2E를 극복하기 위한 근본적인 해결책을 명확히 제시하기란 불가능하다. 여기에서 중요한 것은 다시 부모의 역할이다. 아이의 말과 행동이 부모의 요구와 기대처럼 정석(定石)의 모습이 아닐 때 부모는 '아이가 말을 듣지 않는다', '불만이 있다', '반항한다', '문제가 있다', '어려운 아이다' 등으로 간단하게 그것의 이유를 생각하곤 한다. 그러나 영재도 장애를 가질 수 있음을 고려했을 때

아이는 부모의 생각처럼 단순하게 생각하고 행동하지만은 않는다. 2E의 발견은 가정에서 부모가 이에 대한 합리적인 의심을 할수 있을 때 가능하다. 2E에 대한 조기 발견과 처치는 이후 영재성 계발 과정을 가능하게 하거나, 지연시키거나, 또는 아예 불가능하게 할 수 있다. 상담을 통해서 자신의 강점과 약점의 이유와어려움을 공유하는 것도 조기 진단과 발견을 위한 첫 걸음이 될수 있다. 2E는 우리 아이에게서도 언제나 나타날 수 있음을 자각하고 있는 것이 무엇보다도 필요하다.

2. 학교에서의 영재성 계발과 교육

유아기와 아동기에 아동이 가정에서 대부분의 시간을 보낸다면, 학령기(우리나라의 경우, 만 7세 전후) 아동은 학교라는 공교육 현장에서 많은 시간을 보내게 된다. 오늘날 우리나라 아이들이 초등학교 입학 전 어린이 방이나 유치원 등에서 조기 선행학습을하고 있는 것은 의심의 여지없는 사실이지만 대다수의 부모들은여전히 공교육의 첫걸음을 초등학교로 생각할 것이다. 당연한 이야기지만 학교는 영재성 계발 단계상 매우 중요한 곳이다. 학령기가 영재성 발달에 중요한 시기일 뿐만 아니라 영재성 계발에서 결정적인 역할을 하는 교사와 또래 친구들과의 만남과 상호

작용이 가장 활발하게 이루어지는 곳이 학교인 만큼 영재성 계발에서 학교를 빼놓고 논하는 것은 사실상 불가능하다. 이제부터, 교사, 또래 친구와 학교 환경에 대해서 이야기해보자.

2.1 교사가 선호하는 학생

교사는 아동의 영재성 계발 과정에서 가정에서의 부모 역할을 한다. 아동의 영재성을 발견하고 발견된 영재성을 발전 및 성장시키기 위해서 교육적 그리고 정서적인 지원과 지지를 아끼지 않는다. 교육전문가로서 교사의 역할은 누구보다 구체적이고 체계적이다. 학교에서 교사는 다양한 영재성을 가지고 있는 학생들, 그러나 아직까지 영재성이 많이 보여지지 않거나 만개(滿開)되지 않은 학생들을 만난다. 운이 좋게도 영재성이 뚜렷하게 드러나는 학생을 만나면 좋겠지만 교육현장의 최고 전문가인 교사가 학생의 잠재적인 영재성을 알아보기란 항상 쉬운 일이 아니다. 특히나 학교에 갓 들어온 어린 초등학교 학생들의 경우는 더욱 그렇다. 그러나 교사는 자신과 비슷한 학생을 만날 때 그 학생의 재능을 조금 더 잘 알아볼 수 있다.

교사는 일반적으로 학습우수아의 특성들을 가지고 있다. 필자가 교사들을 대상으로 영재교육이나 창의성교육 강연을 할 때 항상 하는 활동이 있다. 물론 부모 대상 강연에서도 마찬가지이다. 일명 "영재교사, 나의 특성 진단하기"로 교사가 생각하는 자신의 인지적, 학문적 특성과 정의적(예: 성격), 사회적 특성을 적어보게 하는 것이다. 5~10분 동안의 자기 진단 시간 이후에 필자가 교사들에게 보여주는 것은 학습영재의 특성과 창의적인 영재의 특성이다. 이러한 활동을 통해서 교사로 하여금 자신이 인지하고 있는 스스로의 특성을 문헌에 보고된 학습영재와 창의적인 영재의 특성과 각각 비교해봄으로써 자신이 학습영재와 창의적인 영재, 두 집단들 중 어떤 집단의 학생들과 유사한 특성을 공유하고 있는지 점검해보는 기회를 갖게 하기 위해서이다. 이후 교사에게 어떤 집단의 학생들과 보다 유사한 특성을 보였는지 물어보면 필자의 예상대로 90% 이상이 학습영재이다. 공부를 잘하는 학생들의 인지적, 학문적, 정의적, 사회적 특성과 유사한 특성을 교사가 많이 가지고 있다는 것이다.

교사와 학생의 특성이 얼마나 비슷한지 아니면 다른지가 중요한 이유는 학교에서 교사가 학생의 영재성을 잘 알아보고 이것을 키워주는 데 지대한 영향을 미치기 때문이다. 가정에서도 마찬가지다. 부모가 모든 자녀를 사랑하고 소중하게 생각하지만 자신과 조금이라도 비슷한 특성을 가지고 있는 자녀를 그렇지 않은 자녀보다 조금 더 잘 이해할 수 있다. 부모와 비슷한 재능을 가지고 있는 자녀의 경우, 자녀를 위해서 언제, 어떻게, 무엇을 해야 하는지 조금 더 쉽게 알 수 있고 혹시 드러나지 않은 숨겨진 재능이 있다 하더라도 기다리면서 재능 계발을 위한 최선의 환경을 만들어주려고 노력할 수 있다. 같은 맥락에서 교사도 자신과 다른 특성을 가진 학생보다 유사한 특성의 학생을 더 잘 이해할 수 있을 뿐만 아니라 이들의 숨겨진 영재성을 언제 그리고 어떻게 발견할 수 있을지, 이들에게 효과적인 교육 방안이 무엇일지 결정하고 지도하는데 시행착오를 덜 겪게 될 것이다.

재미있는 사실은 우리나라와 미국에서 수행된 다수의 연구들에서 교사가 창의적인 학생보다 공부를 잘하는 학생을 일반적으로 더 많이 좋아하는 것으로 보고했다는 점이다. 1970년대부터 시작하여 50여 년 동안 수행된 연구들이 유사한 결과를 내놓고 있는데 교사가 공부를 잘하는 학생을 선호하는 이유와 이것이 함의하는 바는 무엇일까? 첫째, 교사가 창의적인 학생보다 공부를 잘하는 학생과 보다 더 유사한 특성을 많이 가지고 있다는 사실은 교사가 공부를 잘하는 학생을 보다 더 잘 이해할 수 있기에 이들이 무엇을 원하는지 왜 이렇게 반응하고 행동하는지 잘 알수 있을 것이라는 추측을 가능하게 한다. 학생의 요구를 제대로 이해하고 이들과 공감대를 형성할 수 있다면 교사는 영재성 발견자와 계발자로서의 역할을 성공적으로 수행할 수 있을 것이다.

둘째, 교사는 자신과 비슷한 학생의 영재성 계발을 효과적으로 이끌어줄 수 있다. 현재 우리나라의 영재 선발 과정에서 교사는 누구보다도 중요하다. 우리나라에서 공식적인 절차를 통해서 영재로 선발되는 비율은 동일 학년 학생 대비 대략 2%(2020년 GED 영재교육종합데이터베이스 참고)이다. 우리나라의 부모들이 영재 선발에 지대한 관심을 갖는 이유는 영재 선발을 통해서 이후 받게 되는 영재교육에 대한 기대와 열망 때문이다. 2019년 교육청 산하 초, 중, 고등학교 445개 영재학급 참여를 위한 영재선발단계를 살펴보면, 세 단계로 이루어지는데 이들 중 첫 번째 관문인 1단계에서 교사 추천은 가장 중요한 선발도구이다. 특히 교사 추천 항목은 교사추천서 체크리스트, 교사추천서 서술형, 교사 관찰 등으로 세분화 되었고, 이들이 차지하는 비율은 1단계에서 사용된 영재 선발을 위한 도구 중 40%가 넘는다(2019년 GED 영재교육종합데이터베이스 참고). 이처럼 영재성 판별과 영재 선발에서 교사의 역할은 매우 그리고 가장 중요하다. 그렇다면 교사는 어떠한 기준으로 학생들을 영재로 추천하는 것일까?

필자가 수행한 연구에 의하면, 교사는 현재 기준으로 학생이 보이고 있는 학습이나 인지능력을 바탕으로 추천서를 써주는 경향이 있었다. 2017년 필자는 서울시 소재 대학교에서 운영하는 영재교육원에 입학한 중학생들의 교사추천서 566개의 내용을 분석한 적이 있다. 분석의 이유는 교사가 어떠한 기준으로 학생의 영재성을 인식하고 판별하여 이들을 영재교육의 수혜자로 추천하는지 궁금했기 때문이다. 분석 결과, 교사는 학생의 현재 학업성적, 학습수행능력, 자기주도학습 가능성, 수학과 과학에서의 뛰어난 수행 결과 등 학문적, 인지적 특성들을 주로 참고하여 추천서를 작성하였다. 아쉬운 점은 추천서 내용에 창의적 특성이나 창의성이라는 단어가 빈번하게 포함되지 않았다는 것이다. 상당수의 교사가 학습영재의 특성을 가지고 있음을 고려했을 때 학생의 영재성을 현재 보여지는 공부나 학업과 관련된 특성과 수행 능력을 중심으로 이해했다.

교사는 학생을 사랑하고 존중한다. 필자가 만나왔던 교사의 대부분이 그렇다. 그러나 교사가 편안하게 생각하고 선호하는 유형의 학생은 있을 수 있다. 이처럼 교사가 특정한 유형의 학생에게 보다 우호적이면 이들의 영재성 계발 과정에서도 차별적으로 영향을 미칠 수 있다. 특히 교사의 의견이 영재성 판별과 영재 선발에 매우 중요한 우리나라의 경우, 더욱 그럴 것이다. 현재 잘하는 것도 중요하지만 더욱 중요한 것은 앞으로 더 잘할 수 있고 미래 사회에 공헌할 수 있는 아이들의 영재성을 알아보고 키워주는 것이다. 지금 또래 친구들보다 공부를 잘하는 것이 앞으로 잘하고 잘살고 사회에 선한 영향력을 행사하는 사회인으로 성장하는데 얼마나 중요한 잣대가 되는지 우리 모두 진지하게 생각해봐야 할 것이다.

2.2 또래 친구와 영재성 계발

영재에게 학교에서 선생님만큼, 그리고 어쩌면 선생님보다 더 많은 시간과 경험을 나누는 사람은 바로 또래 친구다. 영재의 세계에 대한 이야기에서도 이미 다루었지만 또래 친구는 영재성 계발이 본격적으로 이루어지는 청소년기에 영재에게 매우 중요한 사람이다. 또래 친구는 부모나 교사가 모르는 영재성을 알아봐주고 격려해주는 영재의 가장 든든한 지지자이다. 특히 자신과 비슷한 관심사를 가지고 있는 친구를 만나게 되면 아동은 자신의 관심 분야를 극대화시키면서 발전시켜 나갈 수 있다. 중요한 것은 일반 학교에서 자신과 관심, 적성 및 능력이 비슷한 친구들을 만나는 것이 언제나 쉬운 일이 아니라는 점이다. 학교는 천차만별로 다양한 관심과 적성 능력을 가지고 있는 또래 친구를 만나는 곳이기 때문에 나이나 학년을 제외하고는 대체로 이질적인 집단의 또래를 만나게 된다.

영재에게 자신과 비슷한 또래 친구를 만나는 기회를 가급적 많이 만들어주는 것이 필요하다. 체험학습, 동아리 활동, 방과후 활동을 비롯한 교과 및 수업 외 시간에 또래 친구들과의 만남과 상호작용을 통해서 어른의 세계가 아닌 동년배 친구들의 눈으로 자신이 좋아하는 것을 찾아내고 이에 대한 관심을 증대시킬 수 있다. 뿐만 아니라 친구들과의 건강하고도 생산적인 경쟁 활동과 상호 독려를 통해서 보다 발전하고 성장하려는 마음가짐으로 끊임없이 노력하는 것을 습관화할 수 있는 것도 또래 영재들과의 만남이 가져다 주는 이점이기도 하다.

또래 친구가 영재성 계발에 중요한 것은 어른, 특히 부모와 교사가 잘 알지 못하거나 중요하게 생각하지 않는 아동의 영재성이 또래 세계에서는 중요시되고 인정받는 경우가 있기 때문이다. 예를 들어, 또래 친구들은 부모나 교사보다 창의적인 학생이나 리더십이 뛰어난 학생을 보다 더 잘 찾아낼 수 있다. 앞에서 기술한 것처럼 교사는 창의적인 학생보다 공부를 잘하는 학생을 보다 선호하는 것으로 나타났고, 부모도 자녀가 학교에서 다른 학생들과 달라서 소위 튀는 것보다 남들처럼 무난하게 학교 생활을 하면서 더불어 잘 살 수 있기를 희망하고 있다. 그러나 창의적인 학생들은 다수의 일반 학생들에 비해 튀기 십상이고 학교에서 규칙과 규율을 무조건 따르는, 교사의 말을 잘 듣고 교사가 좋아하는 모범생이 아니다. 이들은 타인의 생각과 기대에 부응하기보다 자신이 좋아하고 일명 필(feel)이 꽂히는 일에 열정적으로 몰입하는 경향이 있다. 이에 일반적으로 학교 생활에 적응을 잘하지 못하는 아웃사이더와 같은 존재인 경우가 많다. 특히나 공부 잘하는 것을 매우 중요하게 생각하는 우리 나라에서 학창시절을 보내는 창의적인 학생들의 다수가 자신의 재능이 세상에 알려지고 계발되기 이전에 소리소문없이 묻혀버리고 사라지는 경우가 종종 있는 것이 사실이다. 이럴 때 또래 친구가 필요하다. 왜냐하면 학교에서 만나는 또래 친구들은 부모와 교사가 간과하는 아이의 재능을 알아봐주고 칭찬해주며 인정해 주기 때문이다.

최근에 수행된 또래가 인식하는 "공부 잘하는 친구, 창의적인 친구, 영재인 친구"에 대한 생각을 묻는 연구(김명섭, 백근찬, 이선영, 2019 참고)가 있다. 연구 결과에 의하면, 우리나라 중학생들은 이들 세 친구 유형에 대해서 각각 다른 생각을 가지고 있었다. 예를 들어, 공부를 잘하는 친구들은 승부욕이 있고 선생님과 친하며, 수업에 대한 집중력과 기억력, 학업성취 욕구, 효과적인 학습전략 등을 가지고 있는 것으로 생각한 반면, 창의적인 친구들의 주된 특성으로는 미술에서의 재능, 사회성과 유머감각, 개방성 등이 꼽혔다. 영재의 경우, 중학생들은 특정 영역에서의 탁월함, 타고난 지적 능력, 뛰어난 학습능력, 창의성 등을 갖고 있는 것으로 응답하였다. 연구는 우리나라 중학생들이 인식하는 공부를 잘하는 친구, 창의적인 친구, 영재인 친구들이 각각 다를 뿐만 아니라 이들의 생각이 교사가 인식하는 영재와 창의적인 학생들의 특성과는 모종의 차이가 있음을 시사하고 있다. 가령, 교사가 선호하는 유형의 학생과 영재로 추천하는 학생은 일반적으로 공부를 잘하고 뛰어난 학습 능력을 보이지만 또래 친구들은 공부를 잘하는 친구와 영재를 조금이나마 구별하는 경향이 있었다. 재미있는 사실은 많은 중학생들이 영재의 특징으로 창의성을 포함하였고, 공부를 잘하는 학생을 언급할 때에는 수업과 관련된 학업능력, 전략 및 동기, 선생님과의 친밀성 등을 주된 특성으로 생각하고 있다는 점이다. 이들 모두 교사의 인식과는 사뭇 다른 것이었다.

요약해보건대, 교사는 일반적으로 현재 공부를 잘하고 뛰어난 교과 학습능력을 보이는 학생들을 영재로 추천하고 있다. 이에 교사가 창의성, 교과 및 학문 외 영역에서의 다양한 재능, 사회성, 유머감각, 개방적인 태도 등을 영재성으로 인식하고 있는지 궁금해진다. 리더십의 경우도 마찬가지다. 리더십이 영재성의 한 유형으로 제안되었고 미래사회 인재가 갖추어야 할 역량으로 지속적으로 언급되고 있지만 리더십이 정말로 영재성으로 인식되고 있는지, 학교에서 리더십을 보이는 학생들이 특별한 영재성을 가지고 있는 영재로 인식되고 있는지, 그리고 실제로 리더십이 학생들이 반드시 계발해야 하는 영재성으로 간주되고 있는지 의구심이 든다.

학교에서 리더십이 뛰어난 학생들은 누구일까? 또래 친구들이 인정하는 선한 대장은 누구인가? 이와 같은 질문에 대해서 교사보다 또래 집단의 동년배들이 훨씬 더 잘 알고 있지 않을까? 학교라는 곳은 수학, 과학, 음악, 미술, 운동을 좋아하고 잘하는 친구들, 부모나 교사에게는 문제가 있어 보이지만 친구들이 인정하는 진정한 대장(리더), 그리고 잔머리 굴리기 선수인 똘끼가 충만한 친구들이 모두 모여 있는 곳이다. 필자는 생각해본다. '똘끼가 가득한 친구와 친구들 사이에서 진정한 대장으로 인정받는 친구가 미래 사회에서 우리가 진정으로 원하고 기댈 수 있는 사회적으로 필요한 인재가 아닐까?' 또래 친구들이야말로 우리 어른들이 모르는 아이들의 장점과 강점, 영재성과 재능을 누구보다도 잘 알고 있음을 간과해서는 안될 것이다.

3. 학교 밖에서의 영재성 계발과 교육

가정과 학교에서뿐만 아니라 기업이나 지역사회에서 주관하여 운영하는 영재교육프로그램도 아동의 영재성 계발을 위한 유용한 자원이다. 물론 우리나라의 경우, 아동은 학교에 입학하기도 전에 영재성 계발을 위한 다양한 유형의 사교육을 시작한다. 한글도 서투른 아이에게 외국어 능력을 어릴 때부터 길러야 한다는 명목으로 영어유치원과 영어학원을 다니게 하고, 예술교육이 중요하기 때문에 악기 하나는 다룰 수 있어야 한다며 아이에게 피아노는 기본적으로 배우게 하고, 남들만큼 그림도 그려야 한다며 미술학원에 등록시키는 것이 낯설지 않은 우리나라 부모의 모습이다. 이외에도 아이는 수영, 태권도, 발레 등의 운동감각능력을 기를 수 있는 다양한 신체 활동에 참여하도록 안내 받는다.

학교에 들어가기 전부터 아동의 잠재적인 영재성은 다각적으로 탐색되기 시작한다. 아동은 자신이 살고 있는 지역 사회의 기관에서 제공하는 활동에 참여하게 되면서 자신이 잘하고 관심 있는 분야를 천천히 찾기 시작한다. 이 때 부모가 누구보다도 중요한 역할을 하게 된다. 아동이 관심을 보이거나 보일 수 있는 분야를 찾아서 영재성 탐색의 기회와 방법을 알려주는 사람이 바로 부모이기 때문이다. 부모는 어릴 때 집에서 뿐만 아니라 집밖에서 아이의 영재성을 발견하고 계발하는데 가장 중요한 사람이다. 다만, 아쉬운 점이 있다면 여전히 집밖에서도 영재성 발견과 탐색의 기회 자체가 사회, 경제적으로 여유가 있는 가정의 아이들에게 보다 더 많이 주어진다는 점이다. 공교육 시기 이전의 어린 아동의 영재성 계발은 많은 경우 부모와 가정의 지원으로부터 시작되기 때문에 부모가 시간적 그리고 재정적으로 여유가 있을 때 아동의 영재성 계발이 가능한 것이 사실이다.

학령기 이전 유아기나 아동기의 영재성은 수학이나 과학 등의 교과목과 관련된 학문 영역보다 음악, 미술, 무용, 운동 등 신체적 발달 수준이 중요한 예체능 분야에서 보다 조기에 확연히 드러난다. 학습과 인지능력의 경우, 아동의 연령에 따라 천천히 계발되는 데 반해, 예술이나 운동능력은 어린 시기에도 탁월한 수행 수준을 보일 수 있다. 따라서 도드라지게 보여지는 자녀의 영재성을 알아차린 부모라면, 이를 지속적으로 계발할 수 있도록 적극적인 관심과 지원을 아끼지 않을 수 없을 것이다. 특히 부모가 예술이나 운동에 관심이 있거나 관련 재능이 있는 경우, 자녀를 위한 조기 영재성계발교육을 위한 경로를 찾게 된다. 이 경우, 집밖의 사설 학원이나 교육 기관(예: 운동 시설 포함)에서 만나는 선생님이야말로 아동의 영재성 계발에 결정적으로 중요한 두 번째 사람이 된다.

3.1 학교밖 영재교육기관과 프로그램

그렇다면, 학교 교육을 받기 시작하는 학령기 아동의 영재성 발견과 계발에 도움을 줄 수 있는 학교 밖 기관에는 어떤 것들이 있을까? 우리나라에서 국가적으로 지원하고 있는 영재교육기관들 중 학교 밖에서 제공되는 영재교육 서비스에 대해서 먼저 살펴보기로 하자. 학교 밖 영재교육서비스란 어떤 것을 가리키는 것인지에 대한 설명부터 시작해보자.

학교 밖이란 초등학교, 중학교, 고등학교가 아닌 다른 물리적 공간을 일컫는다. 앞서 1972년 미국에서 처음으로 공문화된 영재에 대한 정의에서 영재는 높은 수준의 수행능력이나 탁월성으로 인하여 학교 밖에서 교육이 필요하다고 기술되어 있다. 여기에서 학교 밖이란 고등학교까지의 공교육 체계를 의미하는 것으로 벽돌이나 시멘트로 지어진 물리적 공간인 우리가 통상 생각하는 학교가 아닌 다른 (교육)기관들을 모두 지칭한다. 기업이나 지역사회 공동체(예: 시, 도에서 자체적으로 운영)에서 주관하거나 지원하는 프로그램이나 대학교에서 운영하는 대학부설 영재교육원에서 제공하는 교육 등이 학교밖 영재교육서비스의 대표적인 예라 할 수 있다.

기업에서 주관하여 운영하는 영재교육프로그램은 일반적으로 장학생을 선발하여 재정적인 지원을 제공하고 대학생 멘토(mentor)와의 매칭을 통해서 멘티(mentee)인 학생의 꿈을 키우고 실현하기 위한 멘토링(mentoring)인 경우가 많다. 대표적인 예로 삼성꿈장학재단에서 운영하는 장학 프로그램을 들 수 있다. 특히 과학과 발명, 예술, 체육 분야별로 우수한 중학교 이상 청소년들을 선발하여 장학금을 제공하고 멘토링을 통해서 재능 계발을 후원하는 과학우수장학프로그램, 예술우수장학프로그램, 체육우수장학 프로그램, 드림클래스-꿈장학프로그램 등이 눈에 띤다. 이들 중 드림클래스-꿈장학은 청소년들을 대상으로 3년간 장학금을 제공하는 장학 프로그램으로, 해당 학생들은 드림클래스라는 중학생 대상 방과후 멘토링 학습지도프로그램에 6개월 이상 참여하고 우수한 고등학교에 진학한 학생들이다.

금호아시아나문화재단에서 지원하고 후원하는 다양한 음악영재발굴 사업은 또 다른 기업 후원 영재교육프로그램이다. 1993년에 처음 시작된 악기은행제도는 명품 고악기[예: 과다니니(guadagnini) 등의 바이올린, 마찌니(maggini) 등의 첼로]를 구입하여 전도 유망한 젊은 음악영재들에게 이를 대여함으로써 높은 수준의 음악적 재능을 계발하는 데 일조하고 있다. 우리에게 너무나 잘 알려진 피아니스트 손열음, 바이올리니스트 김동현, 김봄소리, 이수빈 등이 임대 수혜자로 선정되어 현재 활발히 활동 중이다. 1998년에 시작하여 만 14세 이하 음악 영재를 선발한 후 이들에게 공연할 수 있는 무대를 제공해주는 금호영재콘서트 시리즈, 이듬해인 1999년에 시작하여 만 15~25세 음악 영재들에게 동일한 서비스를 제공하고 있는 금호영아티스트 시리즈, 가장 최근(2008년)에 시작된 것으로 젊은 음악가들로 구성된 실내악단을 지원하는 금호영체임버콘서트 등도 기업에서 주관하고 후원하는 음악영재발굴 및 계발 프로그램이다. 프로그램의 수혜자들은 무수히 많으며 대표적인 음악인들로 피아니스트 김선욱, 김태형, 선우예권, 손열음, 조성진, 바이올리니스트 김동현, 김봄소리, 신지아, 이지혜, 조진주, 첼리스트 고봉인 등이 있다. 현악기뿐만 아니라 관악기 부문의 경우, 조성현(플루트), 함경(오보에), 김한(클라리넷) 등도 본 프로그램의 수혜자들이다. 뿐만 아니라 금호아시아나문화재단은 음악영재발굴지원 사업을 통해서 선발된 음악영재들을 대상으로 자기 홍보(PR)용 프로필 작성 기술, 사진 촬영 노하우, 무대 매너, 연주자 스타일링, 기타 소양 등 자기관리를 위한 문화예술교육도 실시하고 있다. 이를 통해서 영재들은 음악 영재성 계발과 함께 자신의 개성과 창의성이 최대한 발휘될 수 있는 실제적 기술을 배울 수 있는 기회를 가지게 된다. 이외에도 세계적인 거장을 초빙하여 음악영재들로 하여금 1대1로 지도 받을 수 있는 기회를 제공함으로써 거장들로부터 직접 음악적 경험과 노하우를 전수받을 수 있는 경험을 제공해주는 마스터 클래스 프로그램도 인상적인 영재교육 활동의 예이다.

지역사회에서 주관하는 영재교육프로그램에는 2008년부터 서울특별시에서 운영하고 있는 저소득층 예술영재교육사업이 있다. 본 사업은 음악(국악 포함)이나 미술에 재능이 있는 저소득층 가정의 자녀들(초등학교 3학년~고등학교 1학년)을 적극적으로 발굴하고 이들에게 전문성에 기반한 체계적인 예술교육을 제공하여 예술적 잠재성 계발과 실현을 도모하기 위해서 시작되었는데 현재까지 서울시 소재 대학교들(예: 건국대학교, 서울교육대학교, 한양대학교)과의 협약 체결을 통해서 진행되고 있다. 가령, 2018~19년에는 음악영재교육사업의 경우, 건국대학교 산학협력단, 미술영재교육사업은 한양대학교 산학협력단이 위탁 기관으로 선정되어 운영되었고, 2020년부터 2022년의 경우도 이들 두 개 기관을 통해서 교육사업이 지속될 예정이다. 서울시 외에도 전라북도교육청의 지역사회으뜸인재양성사업도 지역사회주관 영재교육프로그램의 대표적인 예이다. 지역사회으뜸인재양성사업은 고교평준화 정책으로 명문고의 기능이 약화되고 학업성취 수준이 낮아지는 문제점을 해결하기 위해서 2008년부터 도 교육청 중심의 방과후 학교 프로그램 형식으로 운영되고 있다. 현재 이 프로그램은 중학생들에게는 학과별 심화학습 및 자기주도학습캠프를 제공하고 있고, 고등학생들에게는 국어, 영어, 수학, 논문 등의 교과목에서 맞춤형 심화학습을 지원하고 있다.

대학교에서 운영하는 영재교육프로그램은 대학부설 영재교육원을 중심으로 운영되고 있다. 2020년 기준, 대학부설 영재교육원은 전국에 82개가 있으며 이들 중 27개가 과학기술정보통신부 지정 기관으로 정부로부터 재정적인 지원을 받고 있다. 이외의 기관으로 문화체육관광부 산하 한국예술영재교육원 1개(소재: 한

국종합예술학교), 교육부 산하 정보보호영재교육원 4개(소재: 서울여대, 공주대, 대구대, 목포대), 교육청 지정 대학부설 영재교육원 50개 등이 있다.

대학부설영재교육원은 초등학교 고학년(5~6학년)부터 중학교 1~2학년 학생들을 주로 선발하여 다양한 유형의 영재교육을 집중적으로 제공하고 있다. 그러나 지금은 초등학교 저학년 학생들(예: 서울교육대학교 과학영재교육원, 한국예술영재교육원)과 고등학교 학생들(예: 한국예술영재교육원, 정보보호영재교육원)도 선발하여 교육의 수혜 대상을 확대시키고 있다. 과학기술정보통신부 지정 대학부설 과학영재교육원에서는 수학, 과학, 융합, 정보(예: ICT교육), 소프트웨어교육 등에 대한 심화 및 사사 과정 수업이 주를 이루고 있지만 온라인교육이나 소외계층 학생들을 대상으로 하는 영재성 계발 교육도 제공하고 있다.

정보보호영재교육원의 경우, 한국정보기술연구원과 교육청 주관으로 만들어졌는데 중학교 1학년~고등학교 3학년 학생들의 정보보안 기술(예: C언어, 소프트웨어탐구, 정보보안 관련 창의적 문제해결) 습득과 활용 교육에 주안점을 두고 있다. 교육 프로그램은 학기 중의 경우, 주말(토요일)과 방학 기간 동안의 집중 교육과 현장 체험 위주의 활동들로 구성되어 있다. 지역별로 4개의 권역으로 구분되어 거주 지역에 따라서 학생들은 서울여대(1권역, 서울, 인천,

경기, 강원, 제주), 공주대(2권역, 대전, 세종, 충북, 충남, 제주), 대구대 (3권역, 부산, 대구, 울산, 경북, 경남, 제주), 그리고 목포대(4권역, 광주, 전북, 전남, 제주)에서 교육을 받을 수 있다. 제주 거주 학생들은 4개 권역의 대학교에 모두 지원 가능하다.

영재성 발견과 계발의 시작은 가정과 학교에서 시작된다. 그럼에도 불구하고 학교 밖 교육과 경험이 여전히 중요한 것은 가정이나 학교에서 간과된 영재성 발견과 계발이 학교 밖 기관에서의 활동과 경험으로 싹트고 빛나는 경우가 종종 있기 때문이다. 특히 예술이나 운동에서의 영재성 계발은 공교육 현장보다 학교 밖 기관에서 보다 효율적으로 이루어지는 경우가 많다. 주목할 것은 우리나라의 경우, 대학을 비롯한 고등교육기관에서 운영하고 지원하는 영재교육 서비스가 많다는 점이다. 이들에 대한 보다 적극적이고도 효과적인 활용이 아동의 영재성 계발을 촉진시킬 수 있다.

영재성 계발 과정은 결코 쉽지 않다. 짐작은 했지만 가정, 특히나 부모의 역할이 매우 중요하고, 학교에서 만나는 선생님과 친구들, 학교 밖 지역사회에서 교류하게 되는 선생님과 친구들, 그리고 가정, 학교, 지역사회에서 제공하는 다양한 교육 활동과 경험의 기회 등 영재성 계발에 필요한 사람과 환경, 경험과 훈련 및 교육이 무수히 많다. 이 글을 읽고 있는 부모들의 마음은 어떨까? 아마도 더 많이 복잡해질 것 같다. 언제까지 아이의 영재성 계발을 위해서 시간적, 재정적, 환경적 지원을 해야 하는 것일까? 이처럼 다양한 정보들을 어디에서, 어떻게 구할 수 있을까? 일반 학교에서 모든 것을 다 알아서 해주면 안될까? 알면 알수록 부모의 역할이 커지고 중요해지는 것 같아서 경제적이나 심리적으로 부담과 압박을 느끼는 것이 사실이다.

영재성 계발 과정은 아동의 일반적인 발달과는 궤도를 달리한다. 가장 커다란 차이점은 아동의 신체, 인지, 정서 발달은 연령에 따라 점진적으로 진행되는 것인 데 반해, 영재성 계발은 개인차를 기반으로 한다는 점이다. 물론 신체, 인지 및 정서 발달도 개인에 따라 차이가 있지만 영아기, 유아기, 아동기, 청소년기, 성인기, 장년기, 노년기에 드러나는 특성들이 각각 다르다. 뿐만 아니라 일반적으로 성인기까지 인간 발달과 연령은 정적인 상관, 즉 나이가 들수록 성장하고 발달하는 것을 가정한다. 인지능력의 경우, 14세를 전후로 최고점을 찍고 이후에 천천히 퇴보한다는 놀랄 만한 주장도 있기는 하다. 그러나 나이가 들면서 개인마다 속도의 차이는 있을지언정 보다 성장하고 성숙해지는 것은 고무적인 일이다. 그러나 영재성 계발은 그렇지 않다.

보편적인 발달 곡선을 따르지 않고 개인의 특성, 개인이 입문하는 영재성 영역, 그리고 영재성 계발 과정 중에 만나는 다수의 사람들과 유의미한 대상, 미시적이거나 거시적인 환경, 과정 중에 경험하는 배움과 훈련, 그리고 운(luck)과 기회 등 영재성 계발은 보편적이고 천편일률적인 경로를 따르지 않고 개인마다 다르다. 이는 영재성 계발에 필요한 개인적, 환경적, 사회적, 시대적 지원 요인들이 각각 다르고 무수히 많기 때문이다. 뿐만 아니라 영재성 계발은 나이가 들수록 하나씩 이루어지는 것이 아니라 지원 요인들 간의 균형 있는 조화가 있을 때에만 가능하다. 즉, 필요 요인들이 적절한 때에 적절한 장소에서 적절한 시기에 개인에게 주어질 때 영재성이 계발될 수 있다. 이처럼 개인과 영재성 영역, 교육 및 환경 요인들 간의 조화로운 합이 이루어질 때 영재성은 발견되고 계발되며 실현되기에 영재성 계발 과정은 결코 만만하지 않다. 언제 어디에서 누구에 의해 어떻게 영재성이 드러나고 계발되는지, 어찌 단언하고 기대할 수 있는가? 더욱이 영재성 계발 요인들을 적절한 시기에 적절한 곳에서 모두 갖추기란 예측 불가능함을 넘어 운처럼 따라주어야 가능한 일일 것이다.

영재성 계발과 교육은 필자가 박사과정 학생일 때 마음에 꽂혔던 주제였고 지금까지도 가장 관심있게 연구하고 가르치는 주제 중 하나이다. 박사학위논문도 영재성 계발 과정에서 아버지의 역할에 관한 것이었고, 박사학위 이후, 미국 대학에서 7년 동안 영재성 계발과 유의미한 사람이나 대상, 그리고 환경의 역할에 대해서 꾸준하게 연구해왔다. 영재교육을 공부하면서 필자는 타고난 잠재적 능력은 뛰어나지만 잠재성을 마음껏 계발하지 못한 채 사라지거나 가려지는 영재들을 종종 생각해보곤 하였다. 정말 운이 없게도 시대를 잘못 타고난 영재, 자신의 잠재성이 무엇인지 잘 몰랐던 영재, 영재성 계발이 개인에게는 사치로 여겨졌던 영재, 자신에게 적합한 교육과 훈련을 받지 못했던 영재, 자신의 영재성을 존중하고 소중하게 여겨준 사람을 만나지 못했던 영재, 그리고 계발된 영재성을 타인과 사회와 공유하는 방법을 몰라서 재능의 진가를 인정받지 못했던 영재 등, 영재이지만 또는 영재일 것 같았지만 궁극적으로는 영재가 되지 못했던 사람들이 겪어야 했던 실망, 좌절, 분노와 슬픔 등을 생각해본다. 그리고 아마도 지금, 어디에선가 동일한 일을 경험하고 있는 숨겨진 영재들이 분명히 있을 것이다. 직업이 교육학자이다 보니 이와 같은 생각이 일상적인 습관처럼 나오는지도 모르겠다.

　영재성 탐색과 교육이 가치가 있는 것은 이것의 궁극적인 결과물이 영재 개인의 안녕과 행복, 자아실현을 가능하게 할뿐만 아니라 지역, 국가, 나아가 인류 사회 전체의 구성원들에게 도움이 될 수 있기 때문이다. 가정, 부모, 학교, 교사, 또래 친구, 지역 사회, 국가, 시대 상황 등은 영재성 계발 과정에 반드시 필요한 사람과 대상 그리고 환경이다. 최근 3~4년동안 필자는 영재성 계발 과정이 보다 의미 있고 가치 있는 작업이 되기 위해서는 계발된 영재성에 대한 사회적 공유가 필요하다는 생각을 지속적으로 심각하게 하고 있다. 그동안 영재성 계발과 교육에 관한 다수의 국내외 연구들을 수행해왔지만 이제는 필자의 연구들이 필자 개인을 넘어 사회적으로 보다 유용한 메시지를 가질 수 있기를 희망한다. 이와 같은 바람을 이루고자 하는 노력으로 시작된 필자의 최근 연구와 저술들은 개인적인 차원의 영재성 계발을 넘어 사회와 함께 하는 영재성 공유 방안에 관한 것을 다루고 있다.

　지난 2017년 7월, 한국인으로는 최초로 호주에서 개최된 세계영재학회(World Council for Gifted and Talented)에 기조 연설자로 초청을 받아 발표한 주제는 바로 "재능 공유로서의 영재교육의 방향성"에 관한 것이었다. 발표 후 많은 청중들이 필자에게 다가와서 필자의 의견에 공감한다는 이야기를 해주었고, 이후에 받은 이메일들

을 통해서 필자가 강조한 재능 공유로의 영재교육의 책무성에 대한 많은 공감과 지지를 다시 한번 확인할 수 있었다. 특히 기억에 남는 것은 호주의 한 연구자로부터 받은 국제 우편물이었는데 그 안에는 필자가 주장했던 영재의 리더십 계발을 통한 재능

공유를 지지하는 응원의 메시지가 자필로 포함되어 있었다. 결론적으로 영재교육은 영재성 탐색과 발견, 계발을 넘어 사회로의 공유까지 확대되어야 한다. 어렵게 계발한 영재성을 나와 나의 가족을 넘어 타인과 사회, 세계와 공유하고 공유된 재능을 통해서 다시금 후속 세대의 영재와 영재성을 발견하고 계발하는 데 조금이라도 일조할 수 있다고 한다면 이 얼마나 의미 있는 일일까? 오늘도 영재성 발견, 계발 및 공유는 이렇게 유기적으로 연결되어 순환과 반복의 과정을 되풀이하고 있다.

영재교육 바로 알기

우리 아이도 영재로 키울 수 있다

1. 영재교육이란 무엇인가?

영재교육이란 무엇인가? 앞서 기술한 영재와 영재성 그리고 영
재성 계발에 대한 이야기는 영재라는 개인과 영재성이라는 특성,
능력 및 재능에 관한 것이다. 이제 영재교육은 교육에 방점을 두
고 영재라는 사람이 아닌 영재성 계발을 위한 교육에 관한 내용
으로 이야기를 풀어보려고 한다. 다시 한번 1972년 미국에서의
영재에 대한 정의와 2000년 영재교육진흥법에서 명시한 우리나
라의 영재교육대상자에 대한 정의와 구분을 정리해보자.

1972년 미국에서 처음으로 공문화된 영재에 대한 정의에서

"영재는 높은 수준의 수행능력이나 탁월성으로 인하여 학교 밖에서 교육이 필요하다"고 기술되어 있다. 우리나라 영재교육진흥법에서도 "영재는 타고난 잠재력을 계발하기 위해서 특별한 교육이 필요하다"는 내용이 포함되어 있다. 영재교육진흥법에서 명시한 영재를 위한 특별한 교육이란 무엇인가? 미국에서의 정의처럼 학교라는 물리적 공간 밖에서 이루어지는 교육이라고 명시하지는 않았지만 영재의 타고난 잠재력 계발을 위해서 일반 정규 교육 외의 영재에게 적합하고 특별한 교육을 함의하고 있다고 볼 수 있다. 그렇다면 영재교육은 학교에서 다루는 정규교육 과정이나 활동이 아닌 영재만을 위한 특성화된 별도의 개별적인 교육인가?

위의 질문에 대한 응답은 영재교육에 대한 생각, 특히 영재교육에 대한 뿌리 깊은 선입견과도 관련이 있는 민감하고도 중대한 문제이다. 영재교육의 의미는 영재에 대한 정의에서 기술되어 있는 것처럼 일반교육과는 구별된다. 일반교육이 학교라는 공간에서 정규 교육과정에 기반한 것이라면 영재교육의 주된 한 축을 담당하는 학교 밖에서의 교육은 정규 교육과정이 아닌 학습자의 특성에 맞춰진 보다 개별화된 특수(special)교육으로 이해해야 한다. 이 때 특수교육의 의미가 혼란을 가져올 수 있다. 왜냐하면 일반적으로 특수교육이라고 하면 신체적 또는 정신적으로 어려움을 겪고 있는 장애(障礙) 학생들을 위한 특별한 교육으로 인식되고 있기 때문이다. 실제로 필자 역시 영재교육을 특수교육으로 지칭하는 것에 대해서 조심스럽게 우려하는 부분이 있다. "특수"라는 단어 안에는 "다른 무엇보다도 중요해서"라는 의미가 함의되어 있을 수 있기 때문이다(네이버 온라인 사전 참조, 2020년 1월 23일). 일반적으로 영재교육을 특수교육의 한 유형으로 이해하는 사람들은 영재라고 하는 대상, 즉 동일한 연령대의 일반 또래와는 다른 특성을 가지고 있어 보통의 아이들과는 다른 아이인 영재를 대상으로 하는 교육을 영재교육으로 인식하고 있다. 여기에서 중요한 것은 보통과 다르다는 것을 어떻게 해석하느냐는 것인데, 이에 따라 영재와 영재교육의 의미가 달라질 수 있기 때문이다.

앞에서 살펴본 영재의 이야기를 통해서 필자는 영재가 같은 연령대 또래 집단에 비해서 "빠르다"라고 설명하였다. 이는 "학습과 인지 능력, 음악, 시각예술이나 운동감각능력 등이 또래에 비해서 빠르다"라는 것으로 동일한 연령대의 아동에게 일반적으로 나타나고 기대하는 수행보다 빠른 시기에 나타난다는 것을 함의하고 있다. 따라서 영재가 일반 아동이나 또래에 비해서 수행이나 능력이 뛰어나거나 탁월해보이는 것은 당연하다. 또래 집단이 보이는 수행 속도보다 빠르고 자신의 나이보다 더 뛰어난 수준의 수행이나 능력을 보여주기 때문이다.

이와 같은 빠른 특성 때문에 미국 존스 홉킨스(Johns Hopkins)

스탠리(J. Stanley, 1918-2005)

대학교의 저명한 영재교육학자였던 스탠리(J. Stanley) 교수는 영재(gifted) 학생을 조숙한(precocious) 학생으로 지칭하였고 영재성(giftedness)이라는 용어 대신 조숙성(precocity)이라는 단어로 영재의 특성을 명명하였다. 스탠리가 영재를 조숙한 아동으로 부른 이유는 영재와 영재성이라는 용어에서 파생되는 선입견에 대한 문제를 깊이 인식하고 있었기 때문이다. 스탠리는 영재성과 영재라는 용어가 "선천적으로 타고난"이라는 의미를 내포하고 있어 자칫 계발과 발전 가능성의 의미를 배제한 채 태어날 때부터 가지고 나와 결정되어버린 특성(영재성)이나 개인(영재)으로 이해되는 것에 대한 경각심을 가지고 있었다. 영재와 영재성을 이런 관점으로 이해한다면 영재교육은 바로 선천적으로 뛰어난 특성과 능력을 가지고 있는 영재를 위한 특별한 교육이 될 것이다. 이에 반해 또래에 비해서 "빠르다"라는 관점으로 영재와 영재성을 인식한다면 영재교육은 현재는 남들보다 (조금) 빠르기 때문에 학교 정규 교육과정으로는 모두 충족될 수 없는 개인의 잠재적인 역량과 재능을 계발하기 위해서 필요한 교육이며, 이 경우 교육은 학교가 아닌 다른 기관에서 제공하는 정규 교육과정 외의 교육내용과 활동을 다루는 것으로 이해할 수 있다.

영재교육은 무엇인가? 다시 이 질문으로 돌아가보자. 필자는 먼저 영재교육이라는 용어 자체에 문제가 있음을 제기하고 싶다. 2009년 9월 가을학기 연세대학교 교육학과 교수로 부임하면서 미국에서 공부하고 연구를 시작한 이후 정확히 만 11년 이틀 만에 우리나라로 돌아왔다. 당시 사회 전반으로 영재교육에 대한 관심이 많았던 기억이 생생하다. 영재교육이 전 국민적인 관심을 받고 있었고 지금도 마찬가지이지만 특히 부모가 자신의 자녀가 영재로 선발되어 국가에서 지원하고 있는 영재교육의 수혜자가 되기를 간절히 원하고 있었다. 그러나 영재로 선발되어 영재교육의 혜택을 받는 경우가 10년이 지난 지금도 여전히 학령기 아동의 2% 내외(2020년 기준 1.53%, 전체 82,012명)라는 점은 새삼 놀랍다. 그마저 고등학생의 경우, 2% 미만의 학생들이 영재로 선발되어 영재교육을 받고 있는 상황이다(2020년 기준 영재교육대상자의 학교급별 비율은 초등학교 1.47%, 중학교 1.97%, 고등학교 1.24%).

교육열이 세계적으로 타의 추종을 불허하고 대학입시 직전 고등학교 시기에 영재로 선발되어 국가 공인 영재학교에서 교육을 받는다는 것은 우리나라 고등학생과 부모라면 한번씩 꿈꾸고 싶은 희망 사항일 것이다. 이렇듯 소수의 학생들이 선발되어 국가에서 지원하고 인정하는 교육을 받기 때문에 영재교육은 선택

받은 몇 안되는 학생들만을 위한 진짜 특별한 교육으로 인식될 수밖에 없다. 더욱이 이렇게 인식될 수밖에 없는 이유에는 영재교육이라는 용어 자체에도 이미 소수 특정 집단의 학생이 포함되어 있다는 점이다. 행정적으로 우리나라에서 영재는 앞서 수치에서 보여진 것처럼 다수가 아닌 소수 집단의 학생이다. 그런 영재와 교육이 합쳐져(영재+교육) "영재교육"이라는 용어가 공식적으로 등장하였기에 영재교육은 소수의 영재를 위한 특별한 교육이라는 의미로 우리들의 뇌리에 각인될 수밖에 없다.

영재교육과 더불어 현재 우리나라를 비롯해서 전 세계적으로 미래사회의 핵심 역량이자 미래인재양성에 필수불가결한 요인인 창의성과 창의성함양교육에 대한 관심이 지대하다. 창의성의 경우, 창의성을 계발하고 증진시키려는 교육을 보통 창의성교육이라고 부른다. 창의성교육은 개인의 창의성을 발견하고 계발하기 위한 교육을 총칭하는 것으로 창의적인 사람들만을 대상으로 하는 교육으로 인식되지 않고 있다. 필자는 이것이 영재교육과 창의성교육 간의 커다란 차이점이라고 생각한다.

영재교육과 창의성교육에 대한 우리들의 인식은 상당히 다르다. 영재교육은 단어 자체에 담긴 의미처럼 영재를 위한 특별한 교육이라고 생각되지만 창의성교육은 창의성을 기르기 위한 교육이라고 믿어진다. 따라서 영재교육은 일반 학생들 모두가 아닌

몇몇 한정된 선택 받은 개인들을 위한 교육이기에 나와 우리 가족과는 상관이 없는 엘리트 교육이라는 생각을 떨쳐버릴 수 없다. 이에 반해, 창의성교육은 나와 우리 가족의 창의성을 증진시킬 수 있는, 모두가 혜택을 받을 수 있는 교육이며 나아가 특별한 대상만을 위한 교육이 아닌 우리 모두를 위한 그리고 공교육이 담당할 수 있는 보편적인 교육이라고 생각된다. 단어의 선정이 중요한 것은 이로 인해서 사람들의 생각과 믿음의 근간이 형성될 뿐만 아니라 한번 생긴 믿음이나 신념은 이후 태도와 행동에 지속적으로 영향을 미칠 수 있기 때문이다. 다시 말해서, 특정한 생각과 믿음이 일단 한번 생기고 나면 그것이 쉽게 바뀌지 않는다는 것이다.

필자는 영재교육이 그것의 기본 취지와 가치를 살리기 위해서 영재교육이 아닌 영재성교육 나아가 개인 차원의 영재성을 넘어 그것이 함의하고 있는 사회적인 가치를 배가시킬 수 있는 재능계발교육으로 명명되어야 한다고 강하게 제안하는 바이다. 실제로 필자가 7년 동안 연구하고 일했던 미국의 명문 노스웨스턴(Northwestern)대학교 교육대학(School of Education and Social Policy)에 있는 영재교육기관의 이름은 "재능계발센터"(Center for Talent Development: CTD)이다. 미국에는 CTD와 같은 영재교육기관들이

미국 노스웨스턴대학교 재능계발센터

여러 곳 있는데 우리나라의 대학부설 영재교육원과 비슷한다. 차이점이라면 미국의 대학부설 영재교육기관들은 교육과 함께 교수와 연구원들로 구성된 전문가 집단의 연구 활동이 적극적이고 활발하게 이루어진다는 점과 주(state)나 연방(federal) 정부의 재정적인 지원을 받지 않는다는 점이다. 영재교육에 대한 교육과 연구가 주를 이루기 때문에 "영재성은 무엇인가?", "영재란 누구인가?"와 같은 판별과 선발의 문제는 그다지 중요하지 않다. 다시 말해서, 학생들의 잠재적인 영재성을 계발하기 위해서 어떠한 교육과 서비스를 제공해야 하는지에 대한 문제가 영재교육기관들의 주된 고민이자 활동의 목적이며 이를 위해서 경험적인 연구와 지역사회와의 연계 활동 등을 지속적으로 수행하고 있다. 더불어 정부의 지원을 받고 있지 않아서 철저하게 센터 자체의 독립적인 예산과 행정 능력을 기반으로 운영되고 있다. 따라서 영재 선발과 영재교육프로그램 운영에 자율성과 독립성이 보장되는 반면 프로그램에 참여하는 학생, 정확히는 학생의 부모가 재정적인 부분의 대부분을 충당하고 있어 중산층 이상의 학생들이 프로그램 참여자의 다수를 구성하고 있는 점은 아쉽고 개선되어야 할 사항이다.

영재성은 무엇인가가 왜 중요한 문제일까? 아마도 영재를 선발하기 위한 납득할 만한 근거가 필요하기 때문일 것이다. 영재 선발은 왜 이리 중요한 것인가? 얼마 되지 않는 영재교육의 수혜자로 일반 학교교육에서 경험하지 못한 특별한 교육적 혜택을 받기 위해서는 영재로 우선 선발되어야 하기 때문일 것이다. 이것이 바로 우리나라 영재교육의 현실이자 문제점이다. 특히 우리나라처럼 영재교육이 과학기술정보통신부나 교육부 등을 비롯한 정부의 예산 지원을 받는 경우, 그리고 교육이 사회적으로 그 어떠한 것보다도 가치롭고 중요한 것으로 여겨지는 경우라면 자녀를 위한 부모의 영재교육에 대한 관심과 열망과 기대는 높을 수밖에 없는 것이 사실이다.

이 시점에서 필자는 과감하게 말하고 싶다. 성인기 이전의 아동과 학생을 대상으로 영재성이 무엇이며 영재인지 아닌지를 판단하고 평가하는 것은 영재성에 대한 잘못된 인식에서 비롯된 것이다. 더불어 영재교육은 영재만을 위한 교육이 아니라 계발되지 않은 잠재적인 영재성을 알아봐주고 키워내는 영재성계발교육, 나아가 재능계발교육으로 불려야 한다. 교육은 개인에게 무언가 도움을 줄 수 있을 때 의미가 있다. 영재교육은 전 세계적으로 얼마 되지 않아 찾아내기조차 힘든, 태어날 때부터 영재, 신동, 수재, 천재인 사람을 위한 교육이 아니다. 영재교육은 개인과 사회의 존재와 성장에 도움을 주는 교육, 특히 남들과 구별되는 개인의 독특하고 개성 있는 잠재적 영재성을 발견하고 성장시키는 데 도움이 되는 교육이어야 한다. 이런 교육을 현재 그리고 미래 우리 사회에서 필요로 하고 있으며 기대하고 있는 것이다. 우리사회에서 필요한 영재교육이란 어떤 것일까? 이제부터는 과거와 현재의 영재교육, 그리고 미래사회를 준비하는 영재교육에 대한 이야기를 조금 더 구체적으로 해보도록 하자.

2. 영재교육의 과거와 현재

영재교육은 시대에 따라서 의미가 달라졌다. 우리나라의 경우, 2000년 영재교육진흥법의 제정부터 공식적으로 영재교육의 역사가 시작되었고 이후 4차에 걸친 영재교육진흥종합계획을 통해서 지속적으로 정부의 재정적, 행정적인 지원을 받으면서 성장해왔다. 우리나라의 영재교육의 역사는 2000년부터 공식적으로 시작되었다고 할 수 있다. 특히 2000년 영재교육진흥법 제정은 우리나라 영재교육이 국가적으로 지원을 받으면서 성장할 수 있었던 동력이 되었고 교육 및 사회 전반에 걸쳐 영재라는 이름을 자연스럽고 공개적으로 사용할 수 있도록 만들어준 계기가 되었다. 그렇다면 영재교육은 이전에는 정말로 없었던 것일까?

2.1 시대와 국가별 영재교육의 발자취

영재교육은 2000년대 이전에도 있었다. 다만, 국가의 지원으로

영재를 선발하여 교육의 혜택을 제공하는 것이 특별법으로 제정
되어 운영된 경우가 없었을 뿐이다. 영재와 영재교육은 국가와
시대별로 다르게 정의되어 왔다. 물론 영재나 영재교육이라는 용
어를 사용하지는 않았지만 과거에도 보통 일반인과는 다른 특별
한 사람이나 이들을 위한 교육은 늘 있어 왔다. 예를 들어, 고대
그리스의 폴리스(도시국가) 스파르타(Sparta)에서는 뛰어난 군사적
기술을 가지고 있으면 사회적으로 가치 있는 것으로 인정받았는
데 이에 남아들은 7세부터 전투 기술을 배우고 익히도록 훈련을
받았다. 아테네(Athens)의 경우, 사회적 지위와 성별이 영재를 결
정하였고, 상류층 남아의 경우, 사립학교에서 읽기, 쓰기, 수리,
역사, 문학, 예술, 체육 등 전인 교육을 받으면서 체력을 갖춘 지
적인 교양인으로 성장하는 데 주력하였다.

　로마시대는 건축, 공학, 법, 행정 등을 강조하는 교육이 강세를
이루었다. 이에 반해 중국 당나라 시대에는 다재다능함을 귀하게
여겨 속독, 기억, 추론, 지각 능력 등의 인지 능력뿐만 아니라 인
문학, 상상력, 리더십 등의 재능을 두루 갖춘 젊은 인재를 양성
하는 데 교육의 중요한 가치를 두었다. 일본의 도쿠가와(에도) 시
대의 경우, 특권 계층의 사무라이 아동은 유교, 무술, 역사, 작문,
서예에 능할 뿐만 아니라 인성이 뛰어나고 예의범절이 몸에 밴
교양인의 자질을 갖추어야 했다.

기술한 바처럼 역사적으로 영재란 일반인과는 다른 특수한 계층과 성별의 사람이었다. 영재를 위한 또는 영재에 의한 교육을 영재교육이라고 가정한다면, 영재교육은 특정한 시대에 특정한 사회에서 가치롭게 여긴 분야에서 요구하는 탁월한 수준의 기술을 갖춘 인재를 양성하기 위한 교육으로 이해할 수 있다. 그렇다면 2000년 영재교육진흥법 제정 이전의 우리나라에서 영재교육의 성격을 가진 교육은 무엇이 있었을까?

1945년 해방 이후 1970년대 이전까지 우리나라 영재교육은 학업 성취도가 뛰어난 학생들에게 실제 연령보다 빠른(이른) 시기에 진급이나 졸업을 가능하게 하는 월반 제도와 6세 미만의 아동에게 초등학교 입학을 가능하게 하는 조기입학 제도에서 찾아볼 수 있다(조석희 외, 2004). 이어 1970년대에는 평준화정책의 일환으로 1971년 전국적으로 중학교 입시가 무시험 추첨배정제로 전환되었다. 그리고 1974년 서울과 부산, 1975년 대구와 인천, 광주를 시작으로 1980년대에 이르러 국가 주도의 고등학교 평준화 정책이 확대되었다(서정화, 송채정, 2002). 실제로 1970년대에 고교 평준화가 이루어지기 전까지 입시를 통해서 소위 일류와 명문이라는 이름의 고등학교가 등장하였다. 남자 고등학교의 경우, 경기, 서울, 경복, 용산, 경동이 5대 명문 공립학교로 정평이 나있었고, 중앙, 양정, 배재, 휘문, 보성이 5대 명문 사립학교로 알려지게 되었다. 여자 고등학교의 경우, 경기, 창덕(이상 공립), 이화, 숙명, 진명, 정신여자(이상 사립) 고등학교가 명문 학교로 자리매김하였다(길윤형, 2007). 고교 평준화 정책의 전국적인 실시를 통해서 수월성교육보다 평등교육으로 고등학교 교육의 방향성이 강조되었고 학업성취 수준에 따른 학생 선발이 불가능하게 되었다.

그러나 1980년대 말부터 평준화 정책의 지역 자율화가 조금씩 시작되었다. 이를 계기로 평준화 실시나 해제에 대한 지역의 선택권이 보장되어 외국어고등학교가 신설되고 과학고가 확충되는 계기가 마련되었다(서정화, 송채정, 2002). 우리나라 외국어고등학교는 1992년 정부가 고교평준화 정책의 보완책으로 기존의 외국어학교를 외국어고등학교로 개편하고 특수목적고등학교로 지정함에 따라 정식 고등학교로 인가된 것에서부터 시작되었다. 1984년 개교한 우리나라 최초의 외국어학교인 대원외국어학교와 대일외국어학교를 비롯하여 부산, 인천(이상 1985년), 경남(1987년), 과천, 한영(이상 1990년)외국어학교 등이 1992년 외국어고등학교로 개편되어 특수목적고등학교로 지정되었다. 1990년대 이후 명덕외국어고등학교를 비롯한 9개의 외국어고등학교가 신설되었고, 2020년 기준 서울(6개), 경기/인천(10개), 영남(7개), 충청(3개), 호남(2개), 강원(1개), 제주(1개)에 총 30개의 외국어고등학교가 있다.

과학고등학교 역시 학업성취 수준이 뛰어난 소위 공부를 잘하는 학생들이 입학하는 명문학교로 자리매김하고 있는 중이다.

1983년 경기과학고등학교가 개교하면서 연이어 경남, 대전, 광주 과학고등학교가 설립되었고, 이어 전국적으로 수가 확대되어 2020년 기준, 서울과 수도권에 5개, 영남 8개, 충청 3개, 호남 2개, 강원과 제주에 각각 1개씩 총 20개의 과학고등학교가 있다. 이처럼 영재교육이라는 이름은 아니었지만 우리나라에서 전통적인 명문학교로 불렸던 고등학교와 외국어(고등)학교, 과학고등학교 등은 학습 영재들이 선택하여 입학할 수 있었던 특별한 학교임을 부인할 수 없다. 과학고등학교와 외국어고등학교로의 진학을 위한 입시 경쟁률은 2020년도 기준으로 각각 3.52%, 1.38%이며 특히 과학고등학교의 경우, 지역별로 차이가 있지만 최근 5년간 입시 경쟁률이 3~4%를 유지하고 있다(2019년 3.54%, 2018년 3.09%, 2017년 3.61%, 2016년 3.87%). 따라서 우리나라의 과학고등학교와 외국어고등학교는 소수로 선발된 학습 우수 학생들이 입학하는 특별한 교육 기관이며 특히 과학고등학교에 대한 학생과 학부모의 관심과 기대는 여전히 높은 수준이다.

2.2 우리나라 영재교육의 시작

1990년대는 영재와 영재교육의 이름으로 학문적, 제도적, 행정적, 교육적 지원과 교류가 이루어진 시기이다. 먼저 1990년 한국

영재학회가 설립되어 영재교육에 관심이 있는 교육, 연구 및 행정 전문가들의 학문적 교류의 장이 확보되었다. 1994년에는 교육법 154조 2항에 조기 졸업 및 조기 입학을 허용하는 법 조항이 신설되어 1996년부터 전국의 시, 도, 교육청에서 일명 속진제도를 통한 (영재)교육이 시작되었다. 영재교육의 공식적인 도입은 5년 후인 1999년 12월 28일, 의원입법 형태로 발의된 영재교육진흥법이 국회에 통과되어 영재교육의 법적 기틀이 마련되면서 가능해졌다. 마침내 2000년 1월 영재교육진흥법이 공표되고 2002년 3월부터 발효되면서 우리나라의 영재교육은 공식적으로 시작되었다(조석희 외, 2004 참조).

이렇게 제도적, 행정적으로 공인된 우리나라의 영재교육은 이전의 특별한 교육과 어떠한 면에서 차이가 있으며 일반 교육과는 어떻게 다른 것인가? 앞서 영재와 영재성에 대해 여러 이야기들을 먼저 풀어보았다. 영재교육에 대한 이해는 영재와 영재성에 대한 이해 없이는 불가능하기 때문이다. 우리나라에서 영재교육은 영재로 선발된 아동이나 학생을 대상으로 잠재적인 재능(영재성)을 계발하기 위해서 제공하는 특별한 교육으로 정의하고 있다. 따라서 영재로 선발되는 것이 매우 중요한 선결 조건이 되기에 부모는 자녀가 영재로 선발되는데 필요하다고 생각되는 조기 선행학습을 자녀가 어릴 때부터 가능하다면 많이 시키고 싶어한다. 이것이 오늘날 우리나라 영재교육이 가지고 있는 강점이자 동시에 심각한 부작용이다.

(1) 영재학급

영재로 선발되는 경우, 아동은 일반 교실수업에서 경험해보지 못하는 특별한 교육을 다양한 경로를 통해서 받을 수 있다. 먼저 초등학생의 경우, 영재학급은 대표적인 영재교육 서비스의 하나이다. 2020년 기준으로 전국에 1,391개의 영재학급이 있으며 영재교육진흥법 제7조에 의거하여 고등학교 과정 이하의 각급 학교에서 설치, 운영하는 학급을 영재학급으로 지칭하고 있다. 대개의 경우, 초등학교 4학년 이상의 학생들을 대상으로 수학, 과학, 인문, 사회 및 예체능 등 다양한 교과목의 영재학급이 운영되고 있으며 교사(관찰)추천, 영재성 검사, 창의적 문제해결력, 수행 관찰, 면접 및 실기(예: 예체능) 등 다각적으로 학생들의 영재성을 진단한 후 영재를 선발하여 영재학급에 참여할 수 있도록 하고 있다. 예를 들어, 충청북도 소재 진천상산초등학교 영재학급은 초등학교 4~5학년 학생들을 대상으로 29주에 걸쳐(주당 4시수, 총 110시간) 수학과 과학 수업을 운영하고 있으며 서울소재 충암초등학교는 인문/사회 영재학급(주당 4시수, 총 26주, 104시간)에서 논문 및 역사 수업, 그리고 경상북도의 금성초등학교 영재학급

(주당 4시수, 총 29주, 120시간)은 미술 및 조형 수업을 제공하고 있다.

중, 고등학교 학생에게도 영재학급은 중요한 영재교육 서비스의 한 가지 유형이다. 초등학교 영재학급과 마찬가지로 영재학급은 자기소개서, 교사추천, 수상실적, 영재성 검사, 면접, 실기 시험 등의 다양한 방식으로 다단계(2~3차)에 걸쳐 선발된 학생들에게 수학, 과학, 인문, 사회, 예체능 등의 교과에서 수준 높은 수업을 제공하고 있다. 대구 소재 상원중학교의 중학교 1학년 학생을 위한 수/과학 영재학급(주당 2시수, 총 30주, 60시간), 전라북도 영선중학교의 1~2학년 학생을 대상으로 하는 인문, 사회 영재학급(총 86시간), 강원도 강원예술고등학교의 중학교 1~3학년생을 위한 음악, 미술, 무용 영재학급(주당 5시수, 총 20주, 102시간) 등이 중학교 영재학급의 예이다.

고등학교 영재학급으로는 창의적 산출물 생성에 주안점을 둔 제주중앙여고 영재학급(고등학교 1학년 대상, 수과학 영역, 주당 3~4시수, 총 30주, 101시간), 인문 및 예술 분야 비평과 글쓰기를 훈련하는 부산 강서고등학교 영재학급(고등학교 1학년 대상, 인문/사회 영역, 주당 5시수, 총 24주, 128시간), 울산예술고등학교 영재학급(초등학교 4학년~고등학교 1학년생 대상, 음악, 무용, 미술 영역, 주당 4~4.5시수, 총 23주~26주, 100~102시간) 등이 있다. 연구계획서, 학문 적성, 필기시험, 서류(예: 학교장 추천 포함), 면접 및 실기, 영재교육대상자 선정

추천심사위원회 심사 등 다각적인 방식과 다단계 절차로 영재를 선발하여 학급을 운영하고 있다.

(2) 영재학교

우리나라 고등학생들은 영재학급 외에도 영재학교나 과학고등학교를 통해서 학업성취 수준이 뛰어난 학생들이 함께 모여서 수업을 듣고 공부하고 생활하는 지극히 보수적인 형태의 영재교육을 경험할 수 있다. 영재학교와 과학고등학교와 같은 특수한 목적의 고등학교는 치열한 입시 경쟁을 통해서만 입학이 가능하다. 일단 학교에 입학하게 되면 부모는 자녀의 명문대학교 진학이 보다 쉽고 가까워지는 것으로 믿고 있기에 많은 중학생들이 영재학교와 과학고등학교 진학을 위한 입시 준비를 치열하게 하고 있는 것이 사실이다.

현재 교육부가 지정한 영재학교는 총 8개로 지역에 따라 조금씩 차이는 있지만 전국 단위로 학생을 모집하기에 극소수의 학생만이 입학할 수 있는 매우 선택적인 학교이다. 영재학교는 영재로 선발된 학생만을 대상으로 하기 때문에 영재교육진흥법(제6조)에 따라 설치된 전일제 영재교육기관으로 가장 보수적인 방식으로 학생을 선발하고 교육시키는 영재교육기관이라 할 수 있다. 국가에서 지정한 영재학교를 가지고 있는 나라는 전 세계적으로 많지 않다. 우리나라에서 8개의 영재학교가 지정된 것은 매우 이례적이며 영재학교 모두 과학인재 양성을 목적으로 설립된 점도 특이한 사항이라 할 수 있다.

우리나라 최초의 영재학교인 한국과학기술원(Korea Advanced Institute of Science and Technology: KAIST) 부설 한국과학영재학교(Korea Science Academy of KAIST)를 비롯해서 서울과학고등학교, 경기과학고등학교, 광주과학고등학교, 대구과학고등학교, 대전과학고등학교 등 6개의 과학영재학교와 2개의 과학예술영재학교(세종과학예술영재학교, 인천과학예술학교)를 합친 총 8개의 영재학교는 전국적으로 산재해 있다. 이들 학교 모두 현재 과학기술정보통신부의 재정적인 지원을 상당 부분 받아 운영되고 있으며 설립 및 운영 취지에 맞게 과학과 수학에서 뛰어난 적성 능력을 보인 학생들을 선발하여 과학인으로 육성시키기 위한 고도의 교육 및 연구활동 기회를 제공하고 있다. 이에 따라 우리나라의 영재교육은 미래를 선도하는 차세대 과학자, 구체적으로는 노벨상을 수상할 수 있는 세계적으로 인정받는 과학자 육성을 위한 교육이 되어버린 것이 사실이다. 2020년 기준으로 우리나라 영재교육의 분야별 학생 비율은 65.4%가 수학(12.0%), 과학(14.9%) 및 수·과학(38.5%)이었고, 나머지 34.6%가 발명, 정보과학, 외국어, 예체능, 인문사회 분야에서 공부하는 학생이었다. 연도별로 약간씩 차이는 있지만 수학과 과학 분야가 영재교육에서 차지하는 비중이 압도적으로 높은 것도 우리나라 영재교육의 두드러진 특징이다. 영재학교가 과학고등학교이거나 과학과 예술 간 융합학교임을 살펴보더라도 특정 분야에 치중된 영재교육이 이루어지고 있음을 쉽게 알 수 있다.

이처럼 우리나라의 영재교육은 영재교육진흥법 시행령 제19조, 제20조, 제21조에 의거하며 법정 심사를 거쳐 영재교육기관으로 지정 받은 세 가지 유형의 영재교육기관인 영재학급, 영재교육원(예: 교육청 영재교육원, 대학부설 영재교육원), 영재학교를 통해서 영재로 선발된 학생에 대한 교육적 지원과 혜택을 제공해왔다. 지난 20년 동안 시대적 부침은 있어 왔지만 우리나라의 영재교육이 꾸준하게 성장할 수 있었던 것은 국가적 지원과 관리가 있었기 때문이다. 이에 따라 영재 선발과 영재교육기관을 통해서 달성하려는 교육의 목표도 명확하다. 목표가 분명하기에 우려되는 부분은 지원에 따른 소위 성과에 대한 성급한 기대이다. 성과에 대한 성급한 기대는 영재교육이 중장기적으로 목표를 설정하고 점검해가면서 발전적으로 나아갈 수 있는 기회를 어렵게 한다.

노벨(Alfred Bernhard Nobel, 1833-1896)과 노벨상 메달

미래사회를 선도하는 과학자와 수학자 양성이 궁극적인 목표라고 한다면 과학과 수학을 통해서 사회에 선한 영향력을 행사할 수 있는 과학자나 수학자를 기르는데 걸리는 시간은 영재교육을 시작한 시기로부터 최소한 20년이다. 일례로 2019년 10월 신문 기사 보도에 의하면, 최근 10년 동안 노벨상 수상자들의 평균 연구 기간은 31.4년으로 보고되었고 20년간 과학 분야에서 노벨상을 수상한 연구자들의 수상 당시 연령대는 70대 30.5%, 60대 27.8%, 50대 19.9%, 80대 이상이 14.6%였다(2019. 10. 13. 이데일리 기사). 예상과는 달리 30대(1.3%)와 40대(6.0%)의 수상 비율이 매우 낮았다는 것과 대다수의 노벨 과학상 수상자들이 60대 이상(72.9%)이었다는 점은 우리나라 영재교육의 조급함에 대

해서 다시금 생각하게 하고 반성하게 만든다.

　정부의 지원에 힘입어 영재교육이라는 공식적인 이름으로 시작된 우리나라의 영재교육에서 성과에 대한 이야기를 많이 하는 것은 어찌 보면 당연한 일인지 모른다. 교육에 대한 범국가적인 지원은 단기 성과관리에 집중할 수밖에 없는 상황을 야기시킨다. 국민들의 세금으로 특정 교육 서비스를 지원하는데 세금이 어떻게 쓰여서 어떠한 성과를 가져왔는지 궁금해하는 우리나라 사람들에게 이를 실질적인 지표로 보여줘야 한다는 부담감은 영재교육에 관여하는 사람이라면 당연히 가질 수밖에 없다. 다만 여기에서 문제가 되는 것은 이렇듯 국민들의 세금이 쓰여지는 영재교육이 과연 단기적으로 어떠한 가시적인 성과를 보여줄 수 있느냐는 것이다. 이와 같은 문제는 정부의 지원을 통한 교육정책이 초래할 수 있는 빛과 그림자이다.

　우리나라 영재교육은 지난 20년 동안 그야말로 비약적으로 발전하였다. 많은 사람들은 필자에게 선진국의 영재교육이라는 이름으로 미국이나 유럽에서의 영재교육 이야기를 들려달라고 한다. 그럴 때마다 필자는 미국이나 유럽의 국가들이 우리나라에서 영재교육을 배워가야 한다고 종종 말한다. 우리나라만큼 영재교육이 부족함없이 이루어지는 곳은 없다. "부족함이 없다"라는 말은 영재교육의 내용과 방법, 프로그램 등이 모두 있음을 의미한다. 영재교육진흥법이 제정된 지 만 20년이 되는 지금, 우리나라의 영재교육에서 부족한 것은 무엇이 있을까? 제도적으로 정비가 잘 되었고, 관련 학교와 학급, 대학부설 및 시도교육청 산하 영재교육원도 전국에 산재되어 있으며, 교육을 담당하는 교사 연수도 그 어떠한 나라들보다 많다. 물론 영재교육이 지금보다 성한 시기도 있었고, 평등교육에 비해서 수월성교육에 대한 오인과 반감으로 인하여 현재의 영재교육이 예전보다는 많이 축소되고 위축된 것이 사실이다. 그럼에도 불구하고 우리나라의 영재교육은 정부와 지자체의 지원으로 지속적으로 진행되고 있다. 그렇다면 우리나라의 영재교육은 완벽한가?

여전히 2% 내외의 학생들이 영재교육의 혜택을 받고 있다는 것만으로도 부모에게 영재교육은 불편하다. "우리 아이는 영재교육 대상자가 아닌데 왜 옆집 아이만 수혜자가 되는 것일까?" 이와 같은 조바심과 우려, 나아가 불만은 많은 부모들에게 영재교육을 받기 위한 선행 학습이 반드시 필요하다는 자각을 하게 하고, 아이가 학교에 들어가기 전에 최대한 일찍 영재교육을 받기 위한 과외 수업을 해야 한다는 생각을 야기한다. 특히 전국에 8군데 밖에 있지 않은 영재학교나 20개의 과학고등학교에 진학하게 하려면 중학교가 아닌 초등학교, 빠르게는 유치원 시기부터 준비를 해야 한다고 생각하는 부모들이 많다. 그만큼 국가지정 영재학교와 과학고등학교는 뛰어난 학생들이 입학하는 곳이자 질 좋고 수준 높은 영재교육을 받을 수 있는 최적의 장소로 인식되고 있다. 이에 가뜩이나 치열한 우리나라 대학입시보다도 더 뜨겁게 치열한 고등학교 입시 지옥을 나이 어린 학생들이 경험하도록 만들어 버렸다. 2020학년도 영재학교 경쟁률은 15.32%로, 매우 선택적이고 극도로 제한된 수의 학생들만이 학교의 문을 두드리고 입교할 수 있다. 학교별로 약간씩 차이는 있지만 최근 5년간 영재학교의 입시 경쟁률은 13~17% 수준으로 매우 높다. 영재학교에 입학하기 위한 끊임없는 선행학습과 입시 준비에 따른 경제적 및 심리적 압박과 부담이 학생과 부모를 비롯한 가정 전반에 부정적인 영향을 미치고 있음을 짐작할 수 있다.

이처럼 어릴 때부터 공부와 시험 준비로 대부분의 시간을 보내고 치열한 입시 경쟁을 뚫고 그야말로 대단한 영재로 선발되어 영재를 위한 특별한 교육의 혜택을 받게 되니 영재를 재정적, 행정적, 교육적으로 지원하는 행정가, 정부 기관 및 국가의 시선은 당연히 지원 결과에 대한 조바심과 결과물에 쏠릴 수밖에 없다. "So what? 그래서 어떻게 되었는가? 우리 영재들은 지금 무엇을 하고 있고 어디에 있는가? 왜 노벨상 수상자는 여전히 나오지 않는 걸까? 과학영재학교에 갔는데 왜 의대로 진학하는 것일까? 좋은 과학자가 되는 것만이 영재교육을 제대로 잘 받은 것인가?" 아마도 여기저기에서 들려오는 우리나라 영재교육의 현실에 대한 의구심과 회의감, 그리고 자조적이며 비판적인 목소리가 아닐까 싶다.

3. 영재성계발교육과 미래 영재교육

이제부터는 영재교육의 미래에 대한 이야기를 해보자. 그동안 우리나라 영재교육은 정부의 지속적인 행정 및 재정적 지원, 연구자와 교육자들의 헌신적인 노력과 열정, 부모와 학생들의 지대한 관심과 적극적인 참여 등으로 다양한 유형의 교육서비스를 제공하며 비약적으로 성장해왔다. 특히 2020년은 영재교육진흥법이 제정된 지 꼬박 20년이 되는 해였다.

20년 전 필자는 무엇을 하고 있었을까? 미국에서 박사과정 학생으로 영재교육을 한창 열심히 공부하고 있었다. 영재교육을 책으로 공부하고 이론적으로 풀어내며 연구하는 데 관심이 많았던 박사과정 마지막 학기인 2001년 봄에, 당시 우리나라 과학기술부와 부산광역시교육청에서 필자가 공부하고 있던 학교를 방문하고 싶다는 이메일을 받았다. 당시 필자가 공부하던 곳은 창의성의 대부로 일컬어지는 토렌스(E. Paul Torrance) 박사가 명예교수로 있었던 미국 남동부의 조지아 대학교였다. 토렌스 박사는 고

령임에도 불구하고 대학원생들을 위한 창의성과 영재교육 수업 시간에 필수 코스로 늘 포함되어 있었던 "토렌스 박사님과의 만남"의 시간을 위해서 기꺼이 당신의 집에서 학생들을 맞이하였고 우리들의 질문 하나하나에 귀를 기울이시면서 성심껏 답변해 주셨던 기억이 있다. 당시 한국 방문단을 위한 통역을 담당했던 필자가 지금까지도 생생히 기억하고 있는 것은 영재교육과 창의성교육 전공 교수님들에게 집중적으로 쏟아진 우리나라 방문단의 질문이었다. "영재교육과 창의성교육을 어떻게 해야 하나요?", "영재는 누구이며 언제부터 영재로 알 수 있나요?" 등의 질문에 놀라워하고 당혹스러워 했던 학과 교수님들은 필자에게 살며시 귀엣말로 다음과 같이 물었다. "선영아, 영재교육과 창의성 교육을 어떻게 하느냐는 거지? 영재를 키우고 창의성을 증진시키려면…" 그리고는 숨을 고르면서 다음과 같이 응답하였다. "글쎄요 … 어떻게 해야 하느냐고요? 한번도 생각해보지 못해서요…" 라든가 "흐음, 재미있는 질문이네요" 필자는 미국 교수님들의 의아함을 너무나 잘 알고 있다.

앞서 이야기한 것처럼 영재교육에 대한 정부의 지원과 전 국민적인 관심과 참여는 자연스럽게 영재교육에 대한 기대와 성과로 이어질 수밖에 없다. 반복하건대, 통상적으로 영재와 교육의 합성어인 영재교육이라는 용어는 영재를 위한 특별한 교육의 의미를 가지고 있는 것처럼 들린다. 따라서 영재라는 특별한 개인에 대한 특별한 교육인 영재교육이 무엇이며 이를 어떻게 해야 하는지에 대해서 궁금해하는 것은 우리에게는 너무나 당연한 일이다. 그러나 필자의 미국인 교수님들이 당황했던 것은 영재교육을 구체적으로 어떻게 시켜야 하는지에 대한 문제가 이들에게는 가장 중요한 주제로 각인되지 않았을 뿐만 아니라 영재교육이 일반교육과는 다른 특정한 대상만을 위한 독립된 교육으로 생각하고 있지 않았기 때문이다. 이는 영재교육을 바라보는 시각과 가치관의 차이에서 비롯되었다고 할 수 있다.

오늘날 많은 나라에서 영재교육은 영재교육으로 불리지 않는다. 아마도 우리나라는 영재교육을 영재교육으로 부르는 세계에서 몇 안되는 나라이다. 뿐만 아니라 일반 영재교육이 아닌 과학과 수학에 집중된 영재교육임을 감안했을 때 우리나라의 영재교육은 수·과학 영재교육이라고 지칭하는 것이 보다 적절해 보인다. 그렇다면 왜 영재교육이 다른 나라에서는 영재교육으로 불리지 못하는 것일까? 쉽게 말하자면, 이는 영재교육을 영재만을 위한 특별한 교육으로 인식하고 있지 않기 때문이다. 앞서 언급한 것처럼 미국에서의 영재교육은 재능계발교육이다.

3.1 재능계발교육이란 무엇인가?

재능계발교육이란 무엇인가? 영재교육과 다른 것인가? 재능계발교육은 영재라는 특정한 개인이 아닌 모든 개인이 가지고 있는 잠재적 영재성을 발견하고 계발하여 재능으로 발현될 수 있도록 하는 교육을 통칭한다. 그렇다면 재능계발교육은 선천적으로 타고난 개인의 적성과 능력의 존재를 부정하는 것일까? 단언컨대, 아니다. 재능계발교육은 개인이 가지고 있는 잠재적인 영재성이 다를 수 있음을 인정한다. 서로 다른 특성을 가지고 있기 때문에 가정과 학교, 지역사회, 사회 전반과 국가 및 문화적인 상황과 관련 요인들의 도움이 필요하다. 이들 요인은 개인의 잠재적인 영재성이 재능으로 발현하는데 중추적인 역할을 한다. 따라서 재능계발교육에서는 누가 영재인지보다는 영재성 계발을 위한 교육의 역할이 중요하며, 교육은 특정한 개인만을 위해서 일회성이나 단기적으로 구성되어 제공되는 것이 아니다.

재능계발교육의 또 다른 특징은 개인이 관심과 재능을 보이는 영역(예: 수학, 과학, 음악, 미술, 사회, 인문학)의 특성과 개인의 연령과 발달 시기(예: 유아기, 아동기, 청소년기, 성인기)를 총체적으로 고려한다는 것이다. 이에 기반하여 교육은 개별적이면서도 중, 장기적으로 계획되고 운영되어야 한다고 가정한다. 따라서 재능계발교육의 관점에서 영재와 영재교육을 연구하고 실제 현장에서 결과들을 적용해보려고 고민하는 미국의 (영재)교육학자들이 "영재교육을 어떻게 해야 하나요?"라는 단순한 질문을 받았을 때 이에 대해서 명쾌하고 명료하게 응답하지 못하고 당황스러워하는 것은 그리 놀랄 만한 일이 아니다.

재능계발교육관점은 최근에 갑자기 대두되어 논의되는 새로운 교육관이 아니다. 미국에서는 1990년 중, 후반 21세기를 목전에 두고 1972년부터 공식적으로 시작된 영재교육의 과거와 현재를 점검하고 반성하자는 이야기가 있었다. 이것을 기점으로 2000년대의 영재교육의 새로운 패러다임(paradigm)으로 재능계발교육에 대한 논의가 시작되었다. 그러나 그 후 20년이 지난 지금도 미국에서의 영재교육은 재능계발교육으로 전환되지 못했고 재능계발교육에서 추구하고자 했던 교육적 가치와 과제들을 충분히 달성하지 못하고 있다. 즉, 소수의 학생만을 위한 고립된 영재교육이 되어버렸거나 교육의 아주 미비한 부분으로 영재교육이 그 명맥을 유지하고 있을 뿐이었다. 이에 2011년 영재교육의 대가인 Olszewski-Kubilius, Subotnik, Worrell 교수가 재능계발교육관점에서 실증적인 연구에 기반한 보다 구체적이고도 현실적인 내용을 담은 영재성에 대한 메가모형(megamodel)을 제안하였다.

3.2 메가모형이 "메가"가 될 수밖에 없는 이유

2019년 11월 미국영재학회에서 이선영(서울대학교 교수)(좌),
Paula Olszewski-Kubilius(미국 노스웨스턴대학교 교수)(중앙),
Rena Subotnik(미국심리학회 학교 및 교육심리센터 센터장)(우)

잠시 필자의 개인적인 이야기를 하고자 한다. 미국에서 공부하
는 동안 가장 운이 좋았다고 생각하고 여전히 감사한 마음을 가
지고 있는 것은 연구자로 그리고 학자로 가장 존경하고 좋아하
는 멘토(mentor)인 Paula Olszewski-Kubilius 교수를 만난 일이
다. 긴 성 때문에 학계에 있는 사람들이 POK라는 애칭으로 부르
고 있는 Olszewski-Kubilius 교수는 2002년 여름 미국의 노스웨
스턴(Northwestern) 대학교에서 박사후연구원으로 처음 일을 시작
할 때 만나서 지금까지 거의 20년 가까이 함께 연구하는 아주 특
별한 필자의 멘토이자 학문적 삶에 지대한 영향을 미친 거의 유

일한 학자이다. POK교수[물론 필자는 폴라(Paula)라고 부른다]는 재능계발의 발달 가능성에 대한 확고한 믿음을 바탕으로 동료 저명학자인 Rena Subotnik과 Frank Worrell과 함께 메가모형을 제안하였는데 이는 필자가 가장 좋아하는 영재성, 특히 영재성 계발과 교육에 관한 모형이다.

2019년 11월 미국영재학회에서 Frank Worrell(미국 버클리대학교 교수)(맨앞 좌), 이선영(서울대학교 교수), Paula Olszewski-Kubilius(미국 노스웨스턴대학교 교수), Michael Matthews(미국 노스캐롤라이나대학교 교수), Rena Subotnik(미국심리학회 학교 및 교육심리센터 센터장)(맨앞 우)

메가모형은 그동안 다수의 학자들에 의해서 제시된 영재교육모형을 재능계발과 발달론적 관점에서 가장 적절하게 정교화 시킨, 실증적 연구 결과에 기반한 재능계발교육에 관한 이론적이며 실제적 모형이다. 아마도 이 책을 읽고 있는 독자라면 누구나 왜

모형 이름이 메가모형인지 궁금해 할 것이다. 실제로 이 책을 집
필하면서 필자는 폴라(POK교수)에게 이메일로 이 책의 취지를 설
명하면서 한국의 부모들을 위해서 모형의 이름이 함의하고 있는
바를 간단하게 설명해달라고 부탁하였다. 폴라는 여느 때처럼 즉
각적으로 응답하였는데 모형에 메가(mega, "엄청나게 큰"이라는 의미,
출처: 네이버 영어사전)를 부친 것은 다음의 세 가지 이유에서였다고
한다. 첫째, 재능 계발에 필요한 많은 개인적, 사회적, 환경적, 시
대적 요인들을 가급적 포괄적으로 담고자 하였고, 둘째, 학문이
나 교과 영역뿐만 아니라 모든 영역에서의 재능 계발에 관한 모
형임을 의미하기 위함이요, 셋째, 그동안 학계에서 제안된 여러 가
지 모형들(예: 렌줄리의 세고리 모형, 타넨바움의 별모형)의 강점을 포괄적
으로 고려하였음을 보여주기 위해서였다. 메가모형은 영재성 대신
재능이라는 용어를 사용한다. 메가모형도 이전에 가네(F. Gagné)
가 영재성과 재능을 구별한 것처럼 잠재적인 영재성이 계발된
형태가 재능으로 드러난다고 가정하고 있다. 모형은 교육을 통해
서 영재성이 재능으로 계발되는 과정을 상세히 다루지만 구체적
으로 어떠한 종류의 영재교육이 필요한지 설명하지 않는다. 가
령, 누가 무엇을 어떻게 가르치는지에 대한 방법과 전략을 제시
한 것이 아니라 영재성 계발을 위해서 어떠한 개인적, 교육적,
사회적, 환경적인 요인들이 필요하고 이들 요인이 어떻게 상호작

용하여 잠재성이 재능으로 실현되는데 긍정적인 동력이 되는지를 설명하고 있다. 재능 계발 과정에서 일관된 방식의 판별과 선발, 교수 전략, 교육활동 및 프로그램이란 존재하지 않기 때문에 아마도 제시하지 못한 것이 아닌가 싶다. 메가모형은 현재 영재교육학계에서 가장 관심있게 논의되고 있는 영재성 계발 및 교육모형으로 인정받고 있다. 메가모형이 담고 있는 메시지는 사실 간단하지는 않다. 영재교육학계에 있는 사람이라면 이 모형이 관련 이론과 실제에 대한 광범위한 리뷰와 비판적인 시각에서 비롯되었음을 알 수 있을 것이다. 필자가 이 모형을 지지하는 이유는 메가모형이 필자가 믿고 있는 영재교육, 다시 말해서 영재교육이 나아가야 할 방향성을 가장 잘 설명하는 이론적 모형이라고 생각하기 때문이다. 영재교육은 어떠한 모습으로 개인적, 교육적 그리고 사회적인 책무를 다할 수 있을까? 이 문제에 대한 생각을 정리하면서 이 책을 마무리하고자 한다.

3.3 영재성 계발과 실현 그리고 나눔

영재교육을 연구하고 가르치면서 영재교육이 무엇이며 이것이 왜 필요한지에 대한 질문을 무수히 받았다. 특히, 대학에서 만난 학생들과 제자들은 필자가 영재교육을 어떻게 바라보고 있는지 아주 궁금해한다. 이 책이 어느덧 마지막 종착점으로 달려가고 있어 잠시 개인적인 생각을 정리해보고자 한다.

필자가 믿고 있는 영재교육은 개인이 가지고 있는 잠재적인 영재성을 계발하기 위해서 개인의 강점에 기반한 교육과 지원을 필요로 하며 어린 시절 잠재성이 성인기에 계발된 재능으로 발현되는 것을 가정한다. 영재교육을 통해서 개인적인 꿈을 이루는 것을 넘어 타인과 지역 사회를 위해서 계발된 재능을 공유함으로써 궁극적으로는 국가와 사회 발전에 이바지할 수 있어야 한다. 이와 같은 영재교육의 방향성은 필자가 우리나라로 돌아와서 영재교육을 가르치기 시작한 2009년 가을 학기부터 꾸준히 주장하고 강조해왔던 내용이다. 필자에게 영재성이란 꾸준히 계발해야만 하는 잠재적 재능이며, 영재란 이와 같은 잠재적인 재능이 개인, 가족, 사회(예: 교육) 및 국가의 관심과 지원으로 충분히 계발되어 만개(滿開)된 형태로 개인이 뜻하는 바를 이루고 타인과 사회에 궁극적으로 도움이 되는 일을 할 수 있는 사람이다. 따라서 영재란 최소한 성인기에 접어든 사람이기에 어린 학생을 영재로 지칭하는 것은 너무나 성급한 사회적 낙인(labeling)이라는 생각이 든다.

필자는 일련의 재능계발교육학자들의 영재와 영재성, 영재교육에 대한 시각과 믿음에 많은 부분을 동의하고 있다. 재능 계발에 궁극적인 목적을 둔 영재교육은 영재를 위한 교육이 아닌 잠재성을 재능으로 키워내기 위한 교육의 역할과 이에 수반되는 개인적 그리고 사회적인 노력을 중요시 한다. 재능 계발은 한순간에 갑자기 이루어지는 것이 아니라 중장기적으로 많은 시간과 노력이 필요하며 재능으로 성장하는 시기와 단계에 따라서 결정적으로 중대한 역할을 담당하는 일명 "유의미한" 사람들이 있다. 부모는 단언컨대 학령기 이전 유아기와 아동기에 자녀의 잠재성을 알아보고 이를 계발하기 위해서 동분서주하는 가장 중요한 영재성 탐색자이다. 학교에 입학하기 전에 아동의 영재성 계발은 당연히 부모로부터 시작된다.

부모와 가정은 아동의 잠재적 영재성을 발견하는 첫 번째 사람이자 환경이기 때문에 영재교육(재능계발교육)에서 너무나 중요하다. 여기에서 필자는 부모들에게 꼭 당부하고 싶은 것이 있다. 자녀가 어린 시기에 보여주는 영재성과 능력에 대해서 일희일비(一喜一悲)해서는 안된다는 것이다. 영유아기와 아동기에 보이는 자녀의 영재성은 부모에게 굉장한 기쁨과 놀라움을 가져다 주는 것이 사실이지만 이는 또래 아동에 비해서 조금 빨리 보여지는 것일 뿐, 자녀가 성인이 되었을 때 자아를 실현하고 사회적으로 선한 영향력을 미칠 수 있도록 계발된 재능이 아니라는 것이다. 이것이 현실이고 사실이다. 따라서 부모는 참고 기다리고 지켜봐 주면서 자녀의 영재성이 무엇인지, 그것이 어떻게 보여지고 또래에 비해서 얼마나 도드라지게 다른지 등을 눈여겨보며 그것이

보다 가시적으로 드러나고 빛날 수 있도록 도와주고 격려하는 조력자 역할을 해야 한다.

오늘 그리고 내일의 영재교육은 재능계발교육이다. 혹여 재능이라는 용어가 영재성과 굳이 구별되지 않고 용어의 사용에 있어 혼란스러움만을 가중시킨다고 생각한다면, 필자는 재능 대신 영재성이라는 용어를 사용할 것을 제안한다. 다시 말해서, 영재교육이 아닌 영재성계발교육이어야 한다는 것이다. 재능(영재성)계발로의 영재교육은 특정하거나 특별한 사람이 아닌 개별적인 영재성과 교육, 그리고 인간의 노력에 방점을 둔다. 변하지 않고 고정적이며 결정되어버린 신이 주신 선물인 영재성이 아닌 변화 가능하고 타인과 사회 및 환경의 도움으로 발견되고 계발되어 궁극적으로 실현되는 다듬어지지 않은 숨겨진 보석 같은 잠재적 영재성을 찾아내고 키워내는 교육이 바로 재능(영재성)계발교육의 목표이다. 영재교육이 재능(영재성)계발교육으로 그것의 궁극적인 목표를 추구해나갈 때, 영재교육은 특정한 소수만을 위한 교육이 아니라 비로소 개인이 가지고 있는 영재성을 위한 교육이 된다. 그리고 이러한 영재성이 궁극적으로 영재성의 소유자인 개인을 넘어 사회 모두를 위해서 일익을 담당할 수 있을 때 영재교육은 의미가 있다.

재능(영재성)계발교육으로의 영재교육은 개인마다 타고난 적성능력이 다름을 인정한다. 그러나 이와 같은 개인차가 선천적인 것인지 아니면 계발되는 것인지, 특정한 개인에게서만 나타나는 것인지 아니면 일반인 모두에게 나타나는 것인지, 그리고 이것이 언제 어떻게 드러나는 것인지 등은 그리 중요한 논쟁거리가 아니다. 재능(영재성)계발교육으로의 영재교육은 개인이 가지고 있는 개별적인 영재성의 시작을 찾아내고 그것의 가치를 극대화시킬 수 있는 교육을 기획하는 것에 대해 고민한다. 그만큼 교육을 통한 영재성 계발이 무엇보다도 중요하다는 것이다.

영재성의 가치는 그것이 개인을 넘어 타인과 사회와 널리 공유되고 많은 사람들에게 도움이 될 때 비로소 인정받을 수 있다. 따라서 영재성 계발과 가치의 실현 과정은 지난하다. 천재적인 영재성에 의한 교육이 아니라 숨겨진 영재성에 관한, 영재성을 위한, 영재성에 의한 교육이기 때문에 재능(영재성)계발교육으로의 영재교육은 당연히 많은 시간과 노력, 그리고 사람을 필요로한다. 단기적인 성과와 결과물을 보여주기 어려운 이유도 바로 이 때문이다. 그러나 영재성이 재능으로 꽃피울 때 내뿜는 아름다움과 향기가 얼마나 많은 사람들에게 지속적으로 행복을 주고 여운을 남기는가? 영재교육은 영재성이 재능으로 만개될 때까지 끊임없이 빛과 물과 양분, 그리고 관심과 돌봄이 필요한 시간이 많이 드는 교육임에 틀림없지만 분명 개인적으로나 사회적으로 가치 있는 교육이다.

IV

Q&A: 이선영 교수가 답하다

우리 아이도 영재로 키울 수 있다

지금까지 영재와 영재교육에 대한 이야기를 영재라는 사람, 영재성이라는 재능, 그리고 영재성을 계발하기 위한 교육의 세 가지 관점에서 풀어보았다. 여러 이야기들을 읽은 후에도 부모들이 여전히 갖게 되는 영재와 영재교육에 대한 생각, 반드시 물어보고 싶은 질문들과 아직까지도 명확하게 정리되지 않은 문제들을 나열해보고, 이에 대해서 보다 간략하고 명쾌하게 알아보고자 한다.

Q&A

<u>1</u> 영재는 타고난 것일까요?
        길러지는 것일까요?

모두 맞습니다.
영재는 타고나지만 궁극적으로 길러집니다.

영재가 선천적으로 탁월하게 태어난 축복받은 사람인지 아니면 끊임없이 훈련하고 배우며 노력한 결과로 탁월함을 보이고 성취한 사람인지 많이 궁금해한다. 영재란 누구인가에 대한 정의, 이들의 특성과 성향, 영재성 계발 과정을 살펴봐도 이에 대한 명확한 답을 구하기 어렵다. 필자가 두 가지에 대해서 모두 맞다고 응답한 이유는 사람은 누구나 다른 사람과 구별되는 선천적으로 타고난 적성 능력이나 성격 특성 및 성향 등을 가지고 있는 것이 사실이지만, 이를 계발해야 하는 훈련과 노력의 과정도 반드시 있어야만 영재로 성장할 수 있기 때문이다.

영재는 비슷한 연령대의 또래들보다 적성 능력이 뛰어나서 어릴 때에 출중하다거나 탁월하다는 이야기를 많이 들을 수 있다. 그러나 성인기 이전 유아기, 아동기, 청소년기의 영재가 보인 탁월성은 또래에 비해서 뛰어난, 다시 말해서 자신의 실제 연령대에서 기대되는 역할 행동보다 높은 수준의 행동이나 태도와 관련이 있다. 따라서 성인기 이전 영재의 탁월성은 개인적인 차원(예: 또래보다 뛰어남, 나이에 비해서 탁월함)에서 의미를 부여할 수 있지만 탁월성의 결과물이나 개인적인 성취가 영재 자신과 가족의 범위를 넘어 타인과 사회, 국가, 나아가 인류사회에 영향을 미치지 못하기 때문에 진정한 의미의 영재성으로 볼 수 없다. 어린 시기의 탁월성은 성인기까지 지속적으로 계발되어야 한다. 따라서 영재는 타고날 수는 있지만 영재의 영재성이 길러지지 않으면 영재로 성장할 수 없다. 영재는 아동이 아닌 성인을 지칭하여야 하며 타인과 사회에 자신의 탁월성을 공유하고 인정받는 사람이어야 한다. 따라서 영재는 타고나기도 하고 길러지기도 하지만 궁극적으로 길러지지 않으면 영재가 될 수 없다. 진정한 영재는 선천적으로 영재로 태어난 사람이 아니라 각고의 노력과 열정으로 영재성을 계발하여 영재로 성장하는 개인을 지칭한다.

Q & A

2 영재는 항상 떡잎부터 다를까요?
영재로서의 떡잎이 보이지 않으면
언제까지 기다려야 하나요?

떡잎부터 다른 경우는 많이 없습니다. 분야별로 다
르지만 일반적으로 최소한 성인기까지는 기다려야
영재성이 제대로 뚜렷하게 발현됩니다.

영재의 특별함은 아주 어린 시기부터 드러나야 하는 것으로
믿는 사람들이 많다. 결론적으로 말하면 그렇지 않다. 어린 시기
에 이미 훈련을 받은 성인 수준의 탁월함을 보이는 사람을 우리
는 신동이라고 부르는데 신동은 이 세상에 꼽힐 정도로 많지 않
다. 사는 동안 모차르트처럼 유명한 신동을 또 다시 볼 수 있을
까? 베토벤의 아버지도 자신의 아들을 모차르트와 같은 신동으로
만들려는 욕심으로 12세 나이를 9세로 속이면서 공적인 자리에
서 연주하도록 다그쳤지만 결국은 악성 베토벤조차 모차르트와
같은 신동이 되지는 못했다. 어릴 때 극도로 뛰어난 천재를 만나
기란 정말 쉽지 않다. 뿐만 아니라 어릴 때에는 뛰어나지만 나이
가 들면서 사라져버리는 수많은 신동들은 결국은 영재로 성장하
지 못한 것이다.

굳이 나열하지 않아도 우리 주변에서 이렇게 소리 소문 없이 사라져버린 신동들이 많이 있다. 다시 말해서, 영재가 떡잎부터 다르기는 결코 쉽지 않다. 그만큼 영재성을 발견하는 것도, 계발하는 것도, 이를 실현하는 것도 모두 쉽지 않은 꾸준한 노력과 훈련, 인고의 과정을 거쳐야 한다는 것이다. 특히 창의성은 어린 시기에 (절대로) 발현되지 않는다. 모차르트는 신동이었고 영재였고 천재였지만 어린 시절 모차르트를 창의적인 음악가로 지칭하지는 않는다. 모차르트의 위대함은 성인기에 작곡한 수많은 창의적인 작품 때문이지 그가 어린 시절부터 뛰어난 음악적 기술을 보여줬기 때문이 아니다. 따라서 신동은 창의성에서 비롯된 것이 아니라 나이에 맞지 않게 조숙하게 보이는 뛰어난 기술(skill)과 관련이 있다. 영재는 항상 떡잎부터 다르지 않았다. 정직하게 말하면, 극소수의 영재만이 떡잎부터 달랐다. 성인기 영재는 떡잎이 달라서가 아니라 꾸준하게 자신의 영재성을 갈고 닦아서 빛나는 재능으로 빚어낸 사람이다. 이른 시기에 무언가를 빨리 보여주기보다 시간이 걸려도 제대로 된 무언가를 보여주는 사람이 영재라는 사실을 기억하자.

네, 어릴 때 영재가 아니어도 커서 영재가 될 수 있습니다.

이 질문에 대한 답변은 4번 질문과 맥을 같이 한다. 어린 시기 영재로 선발되지 않아 영재교육을 받지 못한 학생들이 영재가 될 수 있을까요? 당연히 그렇다고 말할 수 있는 것은 필자가 강조한 것처럼 영재는 성인기에 계발된 재능으로 개인적인 꿈을 이루고 주위 사람들과 지역사회, 나아가 국가와 인류 사회에 선한 영향력을 미치는 창의적인 사람이기 때문이다. 따라서 어릴 때 영재로 선발되었다고 해서 반드시 성인이 되어 창의적인 영재로 성장한다고 보장할 수 없는 것처럼 어릴 때 영재로 선발되지 않았다고 해서 창의적인 영재로 성장하지 말라는 법은 절대로 없다. 오히려 창의적인 영재는 일명 "늦둥이"가 많다.

어린 시절 학교 생활에 적응하지 못하고 학교 공부를 소홀히 했지만 자신이 관심있는 분야를 발견했을 때 극도의 집중력을 발휘하고 이에 몰입하면서 자신만의 개성이 드러나는 창의적인 결과물을 만들어낸 사람들을 생각해보자. 이들은 분명 창의적인 사람이자 영재이지만 대부분 어린 시절 영재가 아니었다. 다시 말해서, 영재로 인정받았거나 오늘날의 용어로 소위 영재로 선발되지 못했다. 우리 주변에 있는 어린 영재는 일반적으로 학습 우수아로 칭찬 받으며 학업 성적이 뛰어나고 학교에서 적응을 잘하며 원만한 교우 관계와 학교 생활을 해낼 수 있는 교사가 선호하는 유형의 모범적인 학생이다. 따라서 전통을 거부하고 새로움을 추구하며 도전 의식과 모험심이 강한 창의적인 학생들은 교사의 눈에는 학교 생활에 적응하지 못하고 학습 능력이 떨어지는 학습부진아이거나 교사의 말을 잘 듣지 않고 학교의 규칙과 규율을 따르지 않는 문제 있는 반항아인 경우가 많았다. 그리고 불행히도 창의적인 학생들은 여전히 이와 같은 편견의 시선 속에서 살고 있다.

우리가 너무나 잘 알고 있는 발명왕 에디슨, 물리학자 아인슈타인, 애플사 CEO였던 스티브 잡스, 영화감독 스티브 스필버그 등 무수히 많은 창의적인 천재들은 어린 시절 영재가 아니었다. 어릴 때 영재인지가 중요한 것이 아니라 삶을 통해서 영재성을 계발하고 영재로 성장할 수 있느냐가 중요하다. 필자가 반복적으로 이 점을 강조하는 것은 여전히 많은 부모들이 자녀가 어릴 때부터 영재성을 보여야 한다고 생각하고 있기 때문이다. 영재는 대부분 길러지며 영재성 계발을 위해서 끝까지 포기하지 않고 꾸준히 달려서 목적을 이루어낸 사람이 영재이다. 경주에서 마지막 도착점까지 땀 흘려 도달하는 사람을 우리는 진정한 영재성 계발의 승리자, 영재라고 부를 수 있는 것이다.

네, 영재는 공부를 잘하는 학생만을 지칭하는 것이 아닙니다.

우리나라에서 영재는 일반적으로 공부를 잘하는 사람을 지칭하는 것으로 생각되어 왔다. 전통적으로 유사한 용어인 수재(秀才)도 공부를 비상하게 잘하는 사람을 가리켰다. 수재의 사전적인 의미는 머리가 좋고 재주가 뛰어난 사람이다. 과거 중국의 명나라와 청나라 시대에는 과거 시험의 첫 관문인 동시(童試)에 급제한 사람을 수재라고 불렀는데 당대 지방국립학교(지방 관학)의 학생인 생원을 동시에 지칭하기도 하였다. 이렇듯 역사적으로 봐도 수재는 공부를 잘하는 것과 관련이 있었으며 영재는 수재와 별반 다르지 않은 것으로 인식되는 것이 사실이다.

그러나 우리는 영재가 학문적 적성 능력뿐만 아니라 창의적 사고능력(창의성), 음악, 미술, 운동 등 다양한 영역에서 뛰어난 수행 능력을 보일 수 있음을 배웠고, 영재라고 해서 모든 것을 다 잘하는 완벽주의자가 아님에 동의하고 있다. 영재는 공부를 잘하는 사람만을 지칭하지 않는다는 것을 우리는 머리로는 너무나 잘 알고 있다. 문제는 여전히 마음으로는 공부를 잘하는 사람이 영재라고 믿는다는 것이다. 영재에 대한 생각에서 우리의 머리와 마음 간의 불일치는 영재에 대한 뿌리깊은 오해와 편견이 영재를 이해하는데 얼마나 지속적이고도 중대한 영향을 미치고 있는지 보여주고 있다. 일찍이 영재성과 영재에 대한 정의에서부터 개인의 탁월함은 일반적인 지적 능력과 학문 적성 능력과 관련이 있는 교과 영역(예: 수학, 과학, 인문, 사회)에서만 보여지는 것이 아니라 시각예술, 창의성, 리더십, 운동감각 능력이 발휘되는 영역까지 모두 포함해서 드러나는 것이라고 명시되어 왔다. 그럼에도 불구하고 여전히 많은 사람들이 학업적성능력과 관련된 것이 영재성이고, 영재는 학교에서 공부를 뛰어나게 잘하는 학생으로 믿고 있기 때문에 공부를 잘하는 것이 영재를 판단하는 가장 중요한 제일의 기준으로 간주되고 있는 것이 사실이다.

그렇다면 실제로 영재라고 하면 떠오르는 사람은 누구일까? 누가 뭐래도 "이 사람은 영재다"라고 생각하고 있는 대상을 떠올려보자. 그 사람은 공부를 잘했는가? 필자가 대학에서 영재교육 수업을 수강하는 학생들을 대상으로 동일한 질문을 했을 때 일반적으로 학생들의 반응은 반반이었다. 그렇기도 하고 그렇지 않기도 하다는 것이다. 한참을 더 생각하다 학생들의 반응에 변화가 감지되기 시작한다. "아니에요, 공부를 반드시 잘하는 것은 아니었는데…", "공부를 잘해야 하는 것은 아닌 것 같아요" 나아가 "공부를 잘할 필요는 없는 것 같기도 하구요" 우리의 머리와 마음이 갈등하는 소리가 곳곳에서 들려 나온다.

약간의 차이는 있겠지만 많은 경우, 우리가 궁극적으로 생각하는 영재의 모습은 공부를 반드시 잘하지는 않는다는 것이다. 공부와 학교 생활에 충실하기보다 오히려 학교 생활에 적응하지 못하고 학교 공부보다 자신이 좋아하고 열정을 가지고 있는 일에 몰입하여 남들이 보지 못하고 생각하지 못하는 문제를 기발하게 찾아내고 해결하는 능력이 탁월한 사람을 영재로 떠올리곤 한다. 공부를 잘하는 영재를 영재교육학자 렌쥴리(J. Renzulli)는 학습영재 그리고 이와 대비되는 또 다른 유형의 영재를 창의영재로 구분하였다. 렌쥴리가 주장한 것처럼 필자도 진정한 영재는 학습영재가 아닌 창의영재라고 생각한다. 창의영재야말로 우리 사회가 필요로 하는 인재상이자 영재교육을 통해서 영재성 계발의 도착점에 안착한 진정한 영재이기 때문이다. 따라서 학창 시절 공부를 잘하고 못하느냐에 따라 영재인지 아닌지를 결정해서는 안된다. 학습영재성만으로 영재성을 판별하는 것은 영재성의 속성을 간과한 채 지극히 단편적으로 영재성을 인식하는 데에서 비롯되는 성급하고도 잘못된 결정이라 할 수 있다.

네, 영재는 창의적입니다. 다시 말해서, 창의적이어야 영재입니다.

영재는 공부를 반드시 잘하는 것은 아니지만 창의적이어야 한다. 위의 질문에 대한 답변과 관련 지어 말하자면 공부를 잘하는 것은 영재가 되기 위한 충분 조건은 아니지만 창의적인 것은 영재가 되기 위한 선결(충분) 조건이다. 이는 창의성이 영재의 특성이기도 하지만 영재성이 충분히 계발되고 발현되는데 창의성이 반드시 필요하다는 점을 시사하는 것이다. 창의성은 학업적성능력과 관련된 학습영재성과 완전히 별개의 개별적인 특성이나 능력은 아니다. 학습영재성, 보다 구체적으로 인지 및 학업능력과 창의성 간의 관계에 대해서 학자와 연구자들 간에 의견의 차이는 조금씩 있지만 암묵적으로 동의하는 사실은 동일한 개념은 아니지만 서로 겹치는 부분은 있다는 것이다. 다시 말해서, 인지 및 학업능력과 창의성 간에 일정 부분 관련성이 있다. 그러나 전자(인지 및 학업능력)가 높다고 해서 창의성이 항상 높은 것은 아니며 그 반대의 경우도 마찬가지이다.

일반적으로 창의성은 어느 정도의 인지능력을 필요로 하지만 인지능력 이상의 것을 요구한다. 창의적인 성격, 동기, 태도, 사고 능력뿐만 아니라 지원하고 독려하는 환경 요인도 갖추어져야 창의성이 계발되고 실현될 수 있다. 영재성을 이야기할 때와 마찬가지로 창의성도 한 단어로 설명할 수 없을 만큼 매우 복잡하고 복합적인 개념이다. 오히려 영재성보다 이해하기가 더 어려운 부분이 있는데 창의성이 전형적인 것을 따르기보다 비전형적이고 예측 불가능하며 정답이 없어서 상황에 맞고 유연하게 사고하면서 최선의 해결책을 순발력 있고 기발하게 제시하는 것과 관련이 있기 때문이다. 이러한 내용만 봐도 창의성이 얼마나 어렵고 복잡한지 짐작이 된다.

창의적이지 못하면 영재성은 지극히 개인적인 재능으로 끝날 수밖에 없다. 개인적인 재능이란 개인적으로는 의미가 있고 행복과 안녕을 가져다 줄 수는 있지만 개인을 넘어 국가 및 사회에 도움이 되는 선한 영향력을 미칠 수 없다는 것이다. 다시 이전에 던졌던 질문으로 돌아가자. 우리가 마음 속으로 믿고 있는 영재란 누구인가? 영재하면 떠오르는 사람은 누구인가? 어떠한 특성들을 가지고 있을까? 혹시 공통적으로 생각했던 대상이 창의적인 사람이 아니었을까? 이렇게 합리적인 의심이 드는 것이 사실이다.

__6__ 영재끼리만 모여서 공부하는 것이
영재에게 좋을까요?

 좋을 수도 있고 나쁠 수도 있습니다.

앞서 영재만을 대상으로 집단을 구성하는 동질집단구성(그룹핑)의 장점과 단점에 대해서 살펴보았지만 부모는 여전히 영재 자녀를 또래 영재와 함께 공부하고 생활하게 하는 것이 좋을지 아니면 다양한 친구들과 어울려 지내면서 공부하게 하는 것이 좋을지 고민한다. 영재들끼리만 함께 있으면 좋은 점은 무엇일까? 비슷한 관심과 적성 능력을 가지고 있는 친구들을 보면서 자극과 공감 및 위로를 얻을 수 있다는 점이다. 청소년기 영재는 특히나 다른 사람의 시선과 평가에 민감해서 자신이 또래 친구들보다 다르다는 사실을 의식하고 친구들이 자신을 다른 사람으로 생각하고 있다는 사실을 불편하게 생각할 수 있다. 따라서 자신과 비슷한 영재들과 함께 공부하고 어울리면서 심리적 그리고 정서적 안정감과 위안을 받을 수 있다. 뿐만 아니라 또래 영재들과의 동질집단구성을 통해서 그 집단에 속해있다는 사실만으로 자존감을 높일 수 있고, 자아개념 특히 또래 친구와 타인과의 관계 형성 및 지속과 관련된 사회적 자아개념에 긍정적인 영향을 미칠 수 있다는 점도 영재들끼리만 모여서 공부할 때의 장점이라 할 수 있다.

그러나 영재들과의 동질집단구성 방식이 언제나 영재에게 이로운 것은 아니다. 우리나라의 영재학교와 과학고등학교는 대표적인 동질집단구성 방식의 교육기관이다. 이들 학교에 입학하기 위해서 아동이 중학교, 더 빠르게는 초등학교 시기부터 입시 준비를 시작한다는 사실은 공공연한 비밀이다. 특히, 영재학교의 입학 경쟁률은 14%가 넘을 정도로 과열 조짐을 보인 지 오래되었다. 이렇게 힘겹게 입학한 학교에서 영재는 자신과 비슷한 또 다른 영재들을 무수히 만나게 된다. 이들은 또래 영재들을 보면서 지적 자극을 받고 심리적인 동질감을 통해서 위안을 받기도 하지만 자신이 더 이상 특별한 존재가 아니라는 현실에 직면하면서 처음으로 절망과 좌절을 경험한다. 대개의 경우, 영재학교나 과학고등학교에 입학하기 전 영재는 또래 친구들 사이에서 공부를 잘하는 학생으로 유명했고 뛰어난 학업성취능력으로 주목받고 인정 받아와서 자존감이 높은 학생이었다. 그러나 고등학교 입시 이후 또래 영재 친구들과 함께 생활하면서 자신이 더 이상 1등이 아니며 자신보다 뛰어난 학생들이 많다는 사실을 깨달게 된다. 아마도 실패와 좌절의 경험이 많지 않거나 전무한 영재가 이와 같은 현실을 감내하기란 쉬운 일이 아닐 수 있기에 영재 자녀가 경험할 수 있는 좌절감에 부모의 각별한 관심과 주의가 필요하다.

영재학교에 입학하는 학생들은 성인이 아닌 정서적으로 예민한 시기의 청소년들이다. 이들은 모든 면에서 완벽한 개인이 아니며 또래 친구들보다 학습 능력이나 특정 분야에서의 영재성이 비교적 이른 시기에 드러난 어린 학생들일 뿐이다. 영재학교를 비롯한 영재교육 서비스의 수혜자들은 영재로 공인된 뛰어난 학생임에는 틀림없지만 소위 말하는 진정한 의미의 성인 영재가 되기 위해서는 가야 할 길이 멀고 넘어야 할 산이 많다. 또래 영재들과의 동질집단구성에 따른 학습활동이 영재에게 극도의 스트레스를 유발하여 정신적으로 매우 힘들게 하는 경우, 적성과 능력이 비슷한 또래들과 피할 수 없이 치열하게 경쟁해야 하는 상황에서 경쟁에 대한 부담과 압박이 그저 불편하게 다가오는 경우, 그리고 이와 같은 상황으로 인해서 아동의 자존감과 자신감이 극도로 낮아져 의기소침해지고 동기가 저하되어 학습에 대한 흥미와 의욕 자체를 상실하는 경우, 영재는 이전의 뛰어난 성취 수준을 회복하지 못하고 극심한 학습 부진을 겪게 된다. 동질집단구성 방식이 효과적이지 못함을 넘어 적절하지 못한 대표적인 예이다.

결론적으로 아동의 정서적 그리고 사회적 민감성과 장애와 실패에 대한 내성 및 회복 탄력성을 고려하여 영재들만의 집단 구성을 고려해야 한다. 경쟁과 실패에 대한 내성이 있고 이를 딛고 도약할 수 있는 강인한 마음이 있는 학생들은 영재학교나 과학고등학교처럼 경쟁적인 환경에서 성장할 수 있다. 그러나 그렇지 못한 학생들은 극도로 경쟁적인 동질집단구성 방식이 오히려 해가 될 수 있다. 따라서 영재들끼리만의 구성 방식이 언제나 정답이나 현답이 아니며 아동의 성격 특성과 심리 상태를 우선적으로 고려하여 어떠한 교육 환경에 아동을 놓이게 할 것인지 결정해야 한다. 가령, 영재학교처럼 극도로 선택적인 영재교육기관보다 심화학습 위주의 영재학급이나 영재교육원 등 상대적으로 덜 경쟁적인 교육환경을 적극적으로 활용하는 것도 나이 어린 학생들에게 좋은 대안이 될 수 있다. 뿐만 아니라 다양한 특성과 능력의 또래 친구들과 생활할 수 있는 이질집단구성 방식의 일반학교도 당연히 고려해야 한다. 영재라고 해서 영재들과의 교감만이 중요한 것이 아니다. 언제나 그렇듯이 영재가 지적 능력뿐만 아니라 심리적으로도 얼마나 준비되어 있느냐는 무엇보다도 중요하다. 학교에서의 영재는 여전히 어린 학생이기에 어쩌면 공부 외의 것에 보다 많은 관심과 주의를 기울여야 할 것이다.

7 영재교육이 따로 필요한가요?

?

 네, 영재교육은 필요하며 일반교육과의 구분도 필요합니다.

"영재교육이 왜 필요한가요?", "우리나라처럼 교육열이 극도로 높고 좋은 대학교, 이제는 명문 중학교와 고등학교에 입학하기 위해서 어릴 때부터 혹사에 가까운 입시 준비에 치이는 생활을 해야 하는 학생들이 불쌍하지 않나요?", "영재교육 때문에 아이들이 이전보다 더 불행해지고 어른들은 더 힘들어진 것 같아요" 이런 하소연을 들을 때면 영재교육학자로 마음이 많이 무겁고 불편하다. 왜냐하면 너무나 수긍이 가는 하소연들이기 때문이다.

영재교육을 전공으로 삼아 공부한 지 올해로 만 22년째가 되는데 내가 사랑과 열정을 가지고 공부하는 연구한 영재교육이라는 학문이 왜 사회적으로 지탄을 받는 반갑지 않은 대상이 되어 버린 것일까? 왜 대다수의 학생과 부모, 교육자, 행정가들 모두 영재교육을 없애야 하는 것으로 감히 언급하는 것일까? 물론 전부가 아닌 일부 의견이라고 생각하면서 위안을 삼지만 여전히 영재교육에 대한 불편한 시각에서 자유로울 수 없고 이와 같은 불편함에 대해서 명쾌하게 설명하고 해명하고 위로하지 못하는 내 자신이 종종 무기력하게 느껴지는 것도 사실이다. 그럼에도 불구하고 필자는 영재교육은 필요하며 일반교육과 구분되는 영재교육도 필요하다고 생각한다.

영재교육의 시작은 공교육 현장에서 자신의 적성과 능력에 부합한 교육을 제대로 받을 수 없는 아동에게 관심과 흥미, 적성 및 수행 능력에 최적화된 개별화 교육을 제공하려는 데에서 비롯되었다. 일반 공교육 체계에서 학급을 비롯한 집단을 구성하는 가장 중요한 기준은 실제 연령이다. 아동은 대체로 동일한 연령의 친구들과 같은 학년에서 반을 구성하면서 함께 공부하고 생활한다. 연령에 따라 획일화된 교육으로부터 벗어나 아동 개인의 적성과 능력을 존중하고 이에 기반한 차별적인 교육서비스를 제공하는 것이 영재교육의 근본 취지이다. 따라서 영재교육은 아동, 즉 학습자 중심 교육이자 학습자의 특성과 개성, 능력에 기반한 개별화 교육의 전형적인 예라 할 수 있다. 그러나 영재교육의 기본 취지와는 무관하게 영재교육에 대한 부정적인 시각이 팽배한 것은 영재교육이 모두에게 필요한 교육이 아니라는 생각, 다시 말하면, 소수의 엘리트 학생들만을 위한 특혜 받은 교육이라는 인식이 뿌리 깊게 자리잡고 있기 때문이다. 이러한 엘리트

교육에 참여하기 위해서 사전에 준비할 것이 너무 많은 우리나라의 영재교육의 현실이 그저 안타깝기만 하다. 영재교육이 본연의 목적대로 순항할 수 있도록 영재교육이 우리나라에서 왜 필요하고 일반 공교육과 어떠한 면에서 차별점을 가지고 있는지, 그리고 차별점을 가져야 하는지에 대한 진지한 고민이 충분히 선행되지 않은 채 영재교육이 정책으로 시작되었다는 점이 아쉽다. 더불어 영재교육학자로서 책임감을 느낀다. 필자는 앞으로 영재교육이 그것의 책무를 다할 수 있도록 반성하고 또 반성하면서 책임감 있는 목소리를 내도록 더 많이 노력할 것을 약속하고자 한다.

Q&A
8   영재교육의 시기: 빠르면 빠를수록 좋을까요?

아닙니다. 영재교육의 시작은 빠르면 빠를수록 좋은 것은 아닙니다.

영재교육의 시작은 부모들에게 '우리 아이에게 영재교육을 빨리 시켜야 하지 않을까?'라는 생각과 함께 조바심을 갖게 한다. 앞에서 살펴본 것처럼 우리나라의 경우, 영재교육기관에서 제공하는 양질의 교육 서비스를 받기 위해서는 영재로 먼저 선발되어야 하는 것이 일반적이다. 따라서 자녀가 영재로 선발되기를 바라고 영재교육의 수혜자가 되기를 염원하는 부모의 마음은 너무나 이해되는 부분이다. 그러나 영재교육을 빨리 받는 것이 진정한 의미의 영재, 다시 말해서 성인이 되어 계발된 재능으로 개인적 그리고 사회적으로 가치 있는 성취를 이루는 영재가 되는데 정말로 도움이 되느냐를 생각해보면 필자는 자신 있게 반드시 그렇지 않다고 답할 수 있다. 우리나라 영재교육의 특수성은 국가가 지원 및 관리, 감독한다는 것과 영재교육을 통해서 차세대 영재를 선발하는 것이 아니라 이와는 반대로 영재로 선발한 후에 교육을 제공하는 데 있다. 정확하게 말하자면, 영재를 선발하는 것이 아니라 영재로 선발하는 것이다. 영재교육을 받기 위해서 영재로 선발되어야 하기 때문에 자녀가 영재로 선발되도록 하기 위해서 부모는 적극적으로 선행학습을 시켜야 하는 상황에 놓이게 된다. 사실 우리나라 영재교육에서 정말로 아쉽게 생각하는 부분이다.

영재교육만을 따로 생각해서 영재교육을 언제부터 시작해야 하느냐는 질문에 대해서는 최소한 초등학교는 입학하고 난 이후, 조금 더 구체적으로는 초등학교 고학년(5~6학년) 이후를 제안하고 싶다. 아무리 좋은 교육이라 할지라도 아동이 관심을 갖거나 좋아하지 않으면 아동에게 도움이 되지 않는다. 영재의 특성 중 하나는 자신이 정말로 좋아하는 것을 찾게 되거나 소위 "필(feel)이 꽂히는 것"을 발견하게 되면 부모나 교사 등 주위 사람들이 독려하지 않아도 스스로 열심히 한다는 것이다. 자신의 필이 꽂히는 분야나 활동을 찾게 된 영재는 누구보다도 열정적이고 집중력을 발휘하면서 자신이 좋아하는 일을 주도적으로 할 수 있다. 아동이 진정으로 자신이 원하는 것을 찾고 이것을 더 많이 알고 싶어 할 때 교육은 가장 효과적이 된다.

그럼에도 불구하고 부모는 자녀의 영재성을 발견하기 위해서라도 영재교육을 빨리 시켜야 한다고 생각할 수 있다. 이에 대해서 필자는 다음과 같이 말하고 싶다. 영재성은 교육을 통해서도 발견할 수 있지만 아동의 계발되지 않은 잠재적 영재성은 다양한 경험과 활동(예: 읽기, 예술, 운동 등)을 통해서 찾아지는 경우가 많다. 어린 아동에게는 학교를 비롯한 제도화된 교육보다 재미있고 다양한 경험과 활동이 필요하며 영재교육을 빨리 시작하는 것보다 아동에게 자유롭게 상상하고 생각하고 판단하며 행동할 수 있는 자율과 선택을 허용하는 시간을 주는 것이 무엇보다도 중요하다. 따라서 영재교육은 빠르면 빠를수록 좋은 것이 아니라 아동이 자신이 원하는 것을 조금이나마 알 수 있고 알고자 하는 마음이 있을 때 하는 것이 보다 효과적이다. 영재성 계발 과정은 유아기, 아동기, 청소년기를 넘어 성인기, 그리고 이후 노년기까지 지속적인 배움과 훈련 및 노력의 과정을 요구하기 때문에 영재교육을 언제 시작하느냐 그리고 얼마나 더 빨리 시작하느냐는 그리 중요하지 않다. 영재교육에 대한 조급한 생각을 버리고 꾸준히 열심히 할 수 있도록 자녀를 이끌어주는 것이 필요하다.

아닙니다. 우리나라의 영재교육은 세계 최고 수준입
니다. 다른 나라의 영재교육이 더 잘 되고 있다고
말하기는 어려울 것 같습니다.

위의 질문은 사실 필자가 많이 받고 있는 질문 중 하나이다.
"우리 아이가 영재인 것 같은데 선진영재교육을 받기 위해서 미
국으로 가야 하나요? 아니면 유럽으로 가야 하나요?" 많은 부모
들로부터 받았던 질문이었고 지금도 계속 동일한 질문을 받고
있다. 영재교육을 미국에서 처음 접하게 되었던 때로부터 20년
이 지난 지금, 영재교육을 가장 체계적으로 운영하는 나라를 꼽
으라고 하면 필자는 주저하지 않고 우리나라 대한민국이라고 말
할 수 있다. 2020년은 영재교육진흥법이 제정된 지 20주년이 되
는 해였다. 지난 20년 동안 영재교육에 대한 공과 실이 함께 이
야기되고 있는 상황에서 우리나라의 영재교육을 되돌아보면 영
재교육과 관련된 이론과 실제들이 교육 현장에서 적극적으로 논
의되어 적용되고 있는 세계에서 정말 몇 안되는 나라가 우리나

라이다.

미국의 경우, 영재교육은 연방 정부의 지침을 모든 교육청과 학교가 따르는 것이 아니라 주 정부, 주 정부내 교육청, 학군 및 학교별 행정가(교장 포함)의 리더십에 따라서 영재교육이 개별적이고 차별적으로 운영되고 있다. 미국 교육부의 영재에 대한 정의는 개별 학교에서 영재를 정의할 때 참고하는 사항이지 우리나라처럼 전국의 모든 학교에서 영재를 선발할 때 동일한 기준으로 적용하는 지침이 아니다. 따라서 미국의 영재교육은 우리나라처럼 정부 기관의 방침에 따라서 일괄적으로 운영되는 것이 아니라 주(예: 우리나라의 도에 해당), 교육청 및 학군에 따라서 다르며 학교장의 의지와 결정이 가장 중요하다. 이에 반해, 유럽은 전통적으로 수월성 교육보다 평등 교육을 강조해왔다. 이에 따라 영재교육에 대한 국가 및 사회적인 공감대가 다른 나라에 비해 약하고 상대적으로 위축되어 있다. 영재교육이 유럽 내 교육에서 차지하는 위상은 지극히 미약하다고 할 수 있다.

많은 부모들이 자녀가 해외에 가서 영재교육을 받아야 한다고 생각하는 주된 이유 중의 하나는 오늘날 우리나라 영재교육의 부작용을 피부로 직접 느끼면서 실망과 좌절감을 경험하고 있기 때문인 것으로 짐작해본다. 앞서 지속적으로 지적한 것처럼 우리나라에서 영재교육을 받기 위해서는 먼저 영재로 선발되어야 한다. 영재 선발의 경우, 다단계 과정으로 다차원적으로 영재성을 판별하는 것을 전제로 하고 있기 때문에 영재교육에 관심과 열의가 있는 부모라면 자녀가 영재로 선발될 수 있도록 조기 교육을 시키고 싶어하고 실제로 그렇게 하고 있는 것이 사실이다. 따라서 영재 선발을 위한 사교육이 만연해 있고 이를 통해서 영재로 선발되어야 하는 과정을 거쳐야 하니 "우리 아이가 진짜 영재인지 모르겠다. 영재교육을 위해서 사교육을 시켜야 하는데 이것이 진정한 영재교육인가?", "돈이 없어서 영재교육을 못 시키겠다", "진짜 영재를 위한 교육인지 아니면 부모의 시간과 돈과 노력이 절대적으로 들어가야 하는 것이 영재교육인지 모르겠다" 등의 하소연과 불평을 늘어놓고 있는 부모들의 심정이 너무나 이해가 간다. 이렇게 힘들게 자녀를 위한 영재교육을 준비해야 하는 부모들의 걱정과 부담은 이만저만이 아니며 자녀에게 영재교육을 시켜야 하는지 또는 영재교육을 위한 준비를 해야 하는지에 대한 회의적인 생각을 할 수밖에 없는 것이 사실이다. 차라리 그 돈으로 자녀를 조기유학 보내는 편이 낫겠다고 생각하는 부모들이 있을 수밖에 없다.

결론적으로 필자는 우리나라의 부모처럼 영재와 영재교육에 대한 관심이 지극히 높은 경우는 전 세계적으로도 찾기 힘들다고 생각한다. 이는 영재교육만의 문제가 아니라 전반적인 자녀교육의 문제에도 해당하는 것으로 우리나라에서 교육은 너무나 뜨거운 그러나 무거운 주제임에 틀림없다. 우리나라의 영재교육은 제도적 그리고 행정적으로 세계 제일이다. 문제는 교육적으로 영재교육이 본연의 임무를 충실히 하고 있느냐는 것이다. 물론 교육적으로는 아쉬움이 많다. 너무나 단기적인 성과 위주(예: 명문대학 진학, 노벨상 수상)로 영재교육의 효과성을 판단하려는 경향이 있고, 정규 교육 과정을 통해서 제공할 수 없기에 필요한 영재교육의 모습도 아니며 아동의 특성과 요구(needs)와는 무관하게 영재교육을 받기 위한 조기 선행 학습이 무수히 이루어지는 현실도 결코 바람직하지 못하다.

영재교육이 본연의 취지대로 그것의 기능을 수행하기 위해서는 부모들이 자녀의 영재성 발견과 계발을 위해서 기다리고 인내하는 것이 절대적으로 필요하다. 앞서 아동이 원해서 영재교육을 받고 싶어할 때 영재교육은 아동에게 보다 더 효과적이라고 이야기하였다. 부모의 조급함 때문에 아동이 타의에 의해서 영재교육을 받게 되면 교육은 재미 있지도 않고 아동의 영재성 계발에 도움이 되지도 않는다. 우리나라가 아닌 다른 나라에서 영재교육을 받으려는 고민과 갈등을 하고 있는 부모가 있다면 필자는 이렇게 말하고 싶다. "아이가 좋아하고 잘하고 싶어하는 것을 찾을 때까지 영재교육에 대한 조급함을 버리세요. 영재는 자신이 좋아하고 잘하는 것을 찾게 되면 더 많이 배우고 더 잘하고 싶어서 무언가를 더 찾을 거예요. 그 때 영재교육을 진지하게 생각해 보세요. 여전히 늦지 않았어요. 왜냐하면 영재성계발은 오랜 시간 동안 찾아보고 실행해보고 실패해보고 그리고 다시 찾아서 해보고 다양한 경험을 하면서 가능한 것이니까요." 자녀의 영재교육에 지극 정성을 다하고 있는 걱정하는 많은 부모들에게 조금의 안도와 위안이 되었으면 하는 바람이다.

10 영재학교에 다니는 영재만을 위한
교육이 영재교육인가요?

 아닙니다. 영재교육은 다양한 방식으로 이루어집니다.

영재만을 별도로 선발하여 영재교육기관에서 교육을 하는 방식은 국가의 지원을 받아 영재교육을 시작한 2000년대 이후의 우리나라 영재교육의 전형적인 모습이다. 이처럼 영재만을 대상으로 하는 영재교육은 매우 보수적이고 선택적인 영재교육의 한 가지 방식이다. 실제로 영재교육은 여러 방식으로 이루어지는데 일반적으로 교육을 받을 수 있는 수혜자를 먼저 선발한 후 실시한다. 이 때 영재교육의 유형에 따라 선발되는 학생들은 달라진다. 우리나라의 영재학교들이 주로 수학과 과학에 특성화된 학교이다 보니 일반적으로 수학과 과학을 좋아하고 잘하는 학생들이 영재학교에 진학하는 경우가 많다. 이에 영재교육이 수·과학 영재를 위한 교육, 좁게는 영재학교에 국한되어 이루어지고 있는 교육으로 종종 인식되고 있는 것이 사실이다. 영재의 정의를 학문적 그리고 이론적이 아닌 실제적인 관점에서 하게 되면, 영재학교에 진학하는 학생을 영재로 정의할 수 있다. 따라서 KAIST

부설 한국과학영재학교를 비롯한 8개의 전일제 고등학교급의 영재학교에 진학하는 학생들을 영재로 정의하는 경우, 영재교육은 영재학교에 입학하는 자격을 갖춘 학생들인 특별한 영재만을 대상으로 하는 것처럼 이해될 수 있다.

그러나, 영재교육은 영재학교만이 아니라 영재교육진흥법 제 7조와 8조에 의거하여 각각 설치되어 운영 중인 영재학급과 영재교육원(예: 교육청 영재교육원, 대학부설영재교육원)을 통해서도 이루어진다. 우리나라의 경우, 영재 선발을 통한 영재교육에 치중하고 있기 때문에 각각의 영재교육기관에 참여하는 학생들을 포괄적으로 영재로 지칭한다. 그러나 기관별로 선발되는 영재의 특성과 강점 및 수준에는 상당한 차이가 있다. 필자가 영재교육을 공부했던 미국의 경우, 연방정부 지정 영재학교란 없다. 많지는 않지만 주에서 지정하는 특별한 주립 학교나 사립 학교 등에서 학생들을 선발하여 영재교육을 실시하는 경우도 있고 우리나라와 마찬가지로 대학부설영재교육원, 영재학급 등을 통해서 영재교육이 이루어지기도 한다. 그러나 다양한 유형의 영재교육기관에 참여하는 학생들의 특성은 동일하지 않고 이질적이다. 뿐만 아니라 영재라는 이름으로 학생들을 선발하기보다 잠재성을 우선시하여 특정한 교과목(예: 수학, 과학, 언어)에 흥미와 관심을 보이는 학생들을 선발하여 이들에게 교육 기회와 혜택을 제공한 후 영재로 키우는 방식으로 영재교육이 이루어지기도 한다. 이 때 영재교육의 기회와 혜택을 제대로 받지 못하고 있다고 생각되는 저소득층 가정의 학생들이 영재교육의 대상자가 된다.

필자가 영재교육이 영재학교에 다니는 학생, 그리고 영재만을 위한 교육이 아니라고 단언한 것은 영재교육에 포함된 영재라는 단어가 많은 부모들에게 암묵적으로 "매우 탁월한 학생"이라는 생각을 갖게 하기 때문이다. 실제로 영재교육기관에 따라 교육의 수혜자를 선발하는 기준은 동일하지 않으며 학생들이 보이는 영재성의 영역, 특성, 수준 등도 각각 다르다. 필자가 일관성 있게 주장하는 것처럼 영재는 어린 학생에게 붙일 수 있는 용어가 아니다. 다시 한번 강조하건대, 영재교육이 아닌 영재성 또는 재능계발교육으로 지칭해야 하는 것도 영재교육이 영재라는 타고난 천재가 아닌 개인이 가지고 있는 잠재적인 영재성을 계발하는 교육이기 때문이다. 영재교육은 영재학교에 다니는 영재만을 위한 교육이 아니다. 모든 아동의 독특한 영재성을 발견하고 계발하는 교육이 영재교육이다. 제대로 된 영재교육, 아이에게 최적화된 영재교육을 통해서 부모는 아이를 영재로 충분히 키울 수 있다.

에필로그

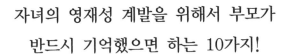

자녀의 영재성 계발을 위해서 부모가
반드시 기억했으면 하는 10가지!

첫째, 아이의 영재성 발견을 위해서 아이가 좋아하고 관심있는 것을 찾을 수 있도록 어린 시절 마음껏 놀게 한다. 놀이와 자유를 통해서 영재성을 서서히 찾아낼 수 있다.

둘째, 부모가 원하는 것을 아이에게 강요하고 기대하는지 생각해보자. 아이는 자신이 원하는 것을 자유롭게 할 수 있을 때 영재성이 계발된다. 부모의 강요와 기대는 어린 시기에는 통할지 모르지만 청소년기에 접어들면 대부분 절대로 통하지 않는다.

셋째, 책 읽기는 영재성 계발의 시작이다. 어릴 때부터 집에서 책 읽기를 습관화 할 수 있도록 해야 한다.

넷째, 영재성은 아주 어린 시기에 나타나지 않는다. 어릴 때 보여지는 영재성은 또래 연령대 친구들에 비해서 조금 빨리 드러나는 특성이나 성향 그리고 능력일 뿐이다.

다섯째, 창의적인 학생은 영재이다. 그러나 영재라고 모두 창의적인 것은 아니다. 창의적인 영재만이 타인과 사회에 도움이 되는 무언가를 만들어내고 공적을 남길 수 있다. 그래서 창의성을 기르는 것이 무엇보다도 중요하다.

여섯째, 어릴 때 다양한 경험을 해야 한다. 음악회, 박물관, 미술관, 운동, 여행 등 다양한 사람들을 만나고 체험할 수 있는 기회를 많이 가질수록 아동은 자신이 원하고 잘하고 싶은 것을 알게 된다. 이처럼 어릴 때 만나게 되는 다양한 사람과 경험들은 이후 영재성 계발의 견고한 씨앗이 된다.

일곱째, 영재성은 계발되고 영재는 만들어진다. 그러나 아이의 의향과는 무관하게 부모나 어른들에 의해서 만들어지는 영재는 영재가 아니다. 아이가 스스로 자신이 원하는 것을 주도적으로 수행하면서 발전하려고 끊임없이 노력할 때 영재는 만들어진다.

아이 스스로 자신을 영재로 만들 수 있다(부모의 도움과 함께).

여덟째, 성인기 이전 영재는 어린 아이이고 학생일 뿐이다. 초등학교 시기 영재는 초등학생이고, 중학교 시기 영재는 중학생이다. 그리고 고등학교 시기 영재는 고등학생이다. 어린 영재는 또래 친구들보다 머리가 뛰어나도 마음(정신)이 반드시 더 뛰어나지는 않다. 그래서 완벽하지도 완전하지도 않다.

아홉째, 부모와 교사가 대립하지 않고 조화롭게 한 팀을 이룰 때 아동의 영재성 계발에 효과적이다. 부모와 교사간 상호 신뢰와 협력 속에 아동의 영재성이 발견되고 계발된다.

마지막으로 영재교육은 모두의 영재성을 위한 교육이다. 모든 아동은 남들과 다른 잠재적 영재성을 가지고 있다. 영재교육은 이를 찾아주고 길러주는 교육이다. 모두의 영재성을 위한 교육임에도 소수의 것만을 위한 교육으로 오인됨으로써 영재교육의 장점이 희석되고 있다. 영재교육은 아동의 숨겨진 개성을 존중하고 이를 찾는 것에서부터 시작된다. 물론 대상은 모든 아동의 영재성이다.

참고해서 읽을거리

1. 영재교육종합데이터베이스

- 출처: 기관알리미

  https://ged.kedi.re.kr/eduIns/eduInsList.do

2. 국가정책연구포털

- 출처: 영재교육백서

  https://www.nkis.re.kr:4445/subject_view1.do?otpId=B0900270002
  4222&otpSeq=0&popup=P

3. 관련 법령

(1) 영재교육진흥법

http://www.law.go.kr/%EB%B2%95%EB%A0%B9/%EC%98%81%EC%
9E%AC%EA%B5%90%EC%9C%A1%EC%A7%84%ED%9D%A5%EB%B2
%95

(2) 영재교육진흥법 시행령

https://www.law.go.kr/법령/영재교육진흥법시행령

4. 주요 장학재단

(1) 금호아시아나 문화재단

   http://www.kacf.net/

(2) 삼성드림클래스

   https://www.dreamclass.org/index.do

5. 신문기사

(1) 2020년 과학영재고 · 과학예술영재학교 경쟁률
   - 출처: 대학저널

   https://www.dhnews.co.kr/news/articleView.html?idxno=100766

(2) 2020년 영재학교 경쟁률
   - 출처: 베리타스 알파

   https://www.veritas-a.com/news/articleView.html?idxno=151696

(3) 2020년 외고 경쟁률
   - 출처: 베리타스 알파

   https://www.veritas-a.com/news/articleView.html?idxno=304686
   - 출처: 에듀진

   http://www.edujin.co.kr/news/articleView.html?idxno=32075

(4) 과학분야 노벨상 수상자 연령 분석(2019.10.13.)
   - 출처: 이데일리

   http://tv.edaily.co.kr/News/NewsRead?NewsId=01456326622652592
   &Kind=Edaily

6. 학술 논문과 저서

(1) 영재성 개념과 모형

[영재성과 창의성 개념 간 비교]

- 이선영(2014). 영재성과 창의성 개념간의 관계를 통해서 본 영재성과 창의성: 동질적인 개념인가? 이질적인 개념인가? 영재와 영재교육, 12(1), 107-127.

[교사의 영재성 인식]

- 이선영, 김성연, 민지연, 이빈, 박준수, 박혜성, 최승언(2017). 네트워크분석을 통해서 탐색한 교사추천서에 나타난 교사의 영재성에 대한 인식. 아시아교육연구, 18(4), 629-660.
- 이선영, 김성연, 안동근(2018). 텍스트 네트워크 분석을 이용한 학습영재성과 창의영재성에 대한 교사의 인식 탐구. 영재와 영재교육, 17(2), 31-54.

[렌줄리의 세고리 모형]

- Renzulli, J. S. (1978). What makes giftedness?: Reexamining a definition. Phi Delta Kappan, 60, 180-184, 261.
- Renzulli, J. S. (2002). Expanding the conception of giftedness to include co-cognitive traits and to promote social capital. Phi Delta Kappan, 84, 33-40, 57-58.
- Renzulli, J. S. (2005). The three-ring conception of giftedness: A developmental model for promoting creative productivity. In R. J. Sternberg & J. E. Davidson (Eds.), Conceptions of giftedness (2nd ed., pp. 246-279). Cambridge, NY: Cambridge University Press.

[타넨바움의 별모형]

- Tannenbaum, A. J. (2003). Nature and nurture of giftedness. In N. Colangelo & G. A. Davis (Eds.), Handbook of gifted education (pp. 45-59). Boston, MA: Allyn and Bacon.

(2) 영재의 특성

[영재성과 영재 특성 및 역사에 대한 또래친구들의 인식]

- 김명섭, 백근찬, 이선영(2019). 영재인 친구, 창의적인 친구, 공부 잘하는 친구에 대한 또래의 인식 탐색. 영재교육연구, 29(2), 107-122.

[영재의 특성 및 역사에 관한 개관]

- Davis, G. A., Rimm, S. B., & Siegle, D. (2011). Education of the gifted and talented (6th ed.). Upper Saddle River, NJ: Pearson.

[신동 연구]

- Feldman, D., & Goldsmith, L. (1986). Nature's gambit. New York: Basic Books.

[건축가의 특성에 관한 연구]

- 이선영, 김정아(2017). 창의적 사고와 아이디어 생성에 영향을 미치는 사회문화요인들에 대한 탐색. 교육심리연구, 31(4), 767-794.
- Lee, S.-Y., & Lee, G. (2017). Creative process and experiences leading to creative achievement in the case of accomplished architects. Asia Pacific Education Review, 18(2), 253-268.

(3) 영재교육기관과 프로그램

[영재교육프로그램의 시작과 유형]

- Lee, S.-Y., Matthews, M. S., & Olszewski-Kubilius, P. (2008). A national picture of talent search and talent search educational program. Gifted Child Quarterly, 52(1), 55-69.

[영재교육프로그램의 효과성과 사회성 발달]

- Lee, S.-Y., Olszewski-Kubilius, P., Makel, M. C., & Putallaz, M. (2015). Gifted students' perceptions of an accelerated summer program and social support. Gifted Child Quarterly, 59(4), 265-282.

(4) 재능(영재성)계발교육

[영재의 재능계발과 리더십교육]

• 이선영, 김진우, 김정아, 김윤경, 김소영(2020). 개인재능과 사회재능으로서 영재들의 리더십과 리더십교육에 대한 인식. 아시아교육연구, 21(1), 73-99.

[재능나눔을 위한 리더십 및 시민의식교육의 필요성]

• Lee, S.-Y. (2015). Civic education as a means of talent dissemination for gifted students. Asia Pacific Education Review, 16(2), 307-316.

[세계학회에서의 기조연설: 재능나눔으로의 영재교육]

• Lee, S.-Y. (2017). Talent dissemination: A path leading into the future GT education. Keynote speech will be delivered at the 22nd Biennial World Council for Gifted and Talented Children: Global perspectives in gifted education. Sydney, Australia.

[재능계발교육으로의 영재성계발과 영재교육 모형]

• Subotnik, R. F., Olszewski-Kubilius, P., & Worrell, F. C. (2011). Rethinking giftedness and gifted education: A proposed direction forward based on psychological science. Psychological Science in the Public Interest, 12(1), 3-54.

• Subotnik, R. F., Olszewski-Kubilius, P., & Worrell, F. C. (2012). A proposed direction forward for gifted education based on psychological science. Gifted Child Quarterly, 56(4), 176-188.

• Olszewski-Kubilius, P., Subotnik. R., Worrell, F., Wardman, J., Tan, L., & Lee, S.-Y. (2019). Socio-cultural perspectives on the talent development mega model. In S. R. Smith (Ed.), International handbook of giftedness & talent development in the Asia-Pacific (pp.1-27). Singapore: Springer International Handbooks of Education. https://doi.org/10.1007/978-981-13-3021-6_4-1

이 선 영

　1972년 서울에서 태어나 반포초, 세화여중, 서문여고를 거쳐 연세대학교에서 심리학을 공부하고 서울대학교 교육학과에서 교육심리학으로 석사학위를 받은 뒤 2002년 미국 조지아대학교 교육심리학과 영재/창의성교육 전공으로 박사학위를 받았다. 미국 일리노이주 에반스톤에 있는 노스웨스턴대학교 재능계발교육센터에서 7년간 연구와 교육에 매진한 후 2009년 가을, 연세대학교 교육학과 교수로 임용되면서 서울로 돌아왔다. 영재교육, 재능계발교육, 창의성교육을 대표하는 학자로 중앙영재교육진흥위원회 위원, 과학영재교육혁신위원회 위원, (사)영재학회 부회장 등으로 활동하고 있다. 뿐만 아니라 미국영재학회(National Association for Gifted Children)에서 발간하는 영재교육분야 최고의 학술지 Gifted Child Quarterly의 최초이자 유일한 외국인 부편집위원장으로 활동 중이다. 2011년 미국영재학회에서 수여하는 최우수 논문상을 수상하였고 2017년 세계영재학회에서 창의리더십을 통한 재능공유라는 주제의 기조 연설을 하였다. 영재교육, 재능계발교육, 창의성교육에 관한 100여 편의 연구와 학문 활동을 국내외 학회와 학술지 및 저서로 활발히 공유하고 있을 뿐만 아니라 다수의 학부모, 교사 및 전문가 특강 및 연수 등을 통하여 지속적으로 연구 결과물의 현장에서의 적용과 활용에 도움이 될 수 있는 방안을 찾으려고 열심히 노력 중이다. 2013년 봄 학기부터 서울대학교 사범대학 교육학과 교수로 재직 중이며 현재 사범대학 기획부학장이다.

우리 아이도 영재로 키울 수 있다: 서울대학교 이선영 교수의 영재성 계발과 교육 이야기

초판발행   2021년 2월 26일

지은이   이선영
펴낸이   노 현

편 집   배근하
기획/마케팅   노 현 · 이영조
표지디자인   박현정
제 작   고철민 · 조영환

펴낸곳   ㈜ 피와이메이트
               서울특별시 금천구 가산디지털2로 53 한라시그마밸리. 210호(가산동)
               등록 2014. 2. 12. 제2018-000080호
전 화   02)733-6771
f a x   02)736-4818
e-mail   pys@pybook.co.kr
homepage   www.pybook.co.kr
ISBN   979-11-6519-104-7 93370

정 가   14,000원

박영스토리는 박영사와 함께하는 브랜드입니다.